초일류 기업 성장의 비밀

1시간 기획

THE 1 HOUR PLAN

THE 1 HOUR PLAN
초일류 기업 성장의 비밀
1시간 기획

2012년 9월 10일 초판 1쇄 인쇄
2012년 10월 15일 초판 2쇄 발행

지은이 | 조 칼훈
감　수 | 심재우
옮긴이 | 임명주
펴낸이 | 공혜진
펴낸곳 | 도서출판 서돌

출판등록 | 2004년 2월 19일 제22-2496호
주소 | 서울시 마포구 월드컵로 128-3
전화 | 02-3142-3066
팩스 | 02-3142-0583
메일 | editor@seodole.co.kr
홈페이지 | www.seodole.co.kr

ISBN 978-89-91819-66-5 (03320)

* 책값은 뒤표지에 있습니다.
* 잘못 만들어진 책은 구입하신 서점에서 교환해드립니다.
* 이 도서의 국립중앙도서관 출판시도서목록(CIP)은 e-CIP 홈페이지(www.nl.go.kr/ecpi)에서
  이용하실 수 있습니다. (CIP 제어번호 : CIP2012003385)

초일류 기업 성장의 비밀
1시간 기획

조 칼훈 지음 | 심재우 감수 | 임명주 옮김

THE
1HOUR
PLAN

서돌

CONTENTS

1장 '1시간 기획서'란 무엇인가?

2장 어디로 가고 싶은가?

'1시간 기획서'는 왜 필요한가?

- 스티븐 코비Stephen R. Covey,
『성공하는 사람들의 7가지 습관』의 저자

대부분의 사람들은 늘 시간에 쫓겨 바쁘게 일하면서도 비효율적으로 일한다는 자책감에 시달린다. 또한 매일 산더미처럼 쌓인 일을 처리하면서도 중요한 뭔가를 놓치고 있다는 느낌 역시 떨쳐버리지 못한다.

개인이든, 소규모 조직이든, 또는 대기업이든 성공하고 성장하려면 반드시 기획이 필요하다. 그런데 우리는 무엇을, 왜, 어떻게 해야 하는지를 결정하기 전에 가방을 들고 밖으로 뛰쳐나간다. 왜 그런 행동을 하게 될까? 아마도 기획을 하는 일이 성가시고 어렵게 느껴진다거나 쓸데없이 시간만 뺏기는 일이라고 생각하기 때문일 것이다.

조 칼훈의 책『초일류 기업 성장의 비밀 1시간 기획THE 1 HOUR PLAN』은 개인과 조직이 성장하는데 필요한 기획을 쉽고 간단하게, 그리고 빠르게 실행할 수 있도록 도와준다. 1시간 안에, 게

다가 A4 용지 한 장에 비전과 미션, 가치, 목표, 전략, 그리고 우선적으로 처리해야 할 과제까지 모두 포함된 강력한 기획서를 작성할 수 있는 방법을 제시한다.

특히 비즈니스 세계에서 적극적인 직원, 유능한 리더, 성장하는 조직은 우연히 만들어지지 않는다. 제대로 만들어진 기획서는 사업을 성장시킬 뿐만 아니라, 직원들의 삶의 질을 개선시키는 동시에 조직에서 필요한 리더를 키우는 역할을 한다. 강력하고 효과적인 기획서 한 장이 기업을 성장시키는 것에 그치지 않고 직원과 경영자는 물론 고객까지 함께 성장시키는 것이다.

나는 이 책의 저자인 조 칼훈과 함께 '프랭클린 코비 컴퍼니'에서 일하는 동안, 세계 각국의 수많은 임직원들이 진정한 리더로 거듭날 수 있도록 도왔다. 그의 강연은 수강생들에게 인기가 높을 뿐만 아니라, 그는 함께 일했던 고객들로부터도 유능한 컨설턴트로 인정받고 있다. 또한 자신이 직접 경영 컨설팅 회사를 설립한 후에도 효율적이고 효과적인 기획서 작성 방법론을 지속적으로 개발해 왔다. 그리고 현장에서 활동하고 있는 수많은 경영자와 실무자들이 조 칼훈의 기획 방법론이 효과가 있음을 실제로 증명하고 있다.

대부분의 사람들은 기획서를 작성하는 일이 어렵다고 생각해서 가능한 한 피하려고 한다. 그렇기 때문에 당신이 강력한 기획서를 작성할 수 있게 된다면, 다른 경쟁자들을 능가할 수 있는 기회를 얻게 될 것이다. 그런데 문제는 늘 시간에 쫓기는 바쁜 스케줄 속에서 기획을 하기 위해 많은 시간을 내기가 쉽지 않다는 것이다. 그래서 조 칼훈은 그런 사람들을 위해 획기적인 해결책을 제시한다. 기획 과정의 핵심만을 뽑아서 어떤 주제의 기획서든 1시간 안에 끝낼 수 있는 방법론이 바로 그것이다.

성장의 첫걸음을 내딛기 위한 세 가지 질문

우리는 여행을 계획할 때 먼저 목적지를 정하고 나서 교통편을 선택하게 된다. 목적지가 분명하고, 마음을 설레게 하는 곳일수록 추억에 남는 여행이 될 확률이 높다. 하지만 대부분의 조직은 목적을 향해 나아갈 때 생기는 즐거움과 에너지를 직원들에게 만들어 주지 못한다. 가슴 설레는 조직의 비전이 없다는 것은 도달해야 할 목적지가 없다는 뜻이며, 만족과 열정도 없다는 것을 의미한다. 그리고 이런 상황에서는 뛰어난 성과와 획기적인 성장을 기대할 수도 없다. 실패한 기업들의 사례를 들여다보면 사업을 성장시키는 강력하고 절실한 기획이 없었음을 확인할 수 있다.

지금까지 세계 여러 나라의 경영자들과 함께 일하면서 배울 수 있었던 것들 중 하나는 강한 조직은 뛰어난 기획 과정을 통해서 스스로 자신의 미래를 만들어 낸다는 사실이다.

조 칼훈이 제시하는 '1시간 기획'은 당신이 하던 일을 잠시 멈추고 중요한 세 가지 과제에 대해 생각해 보기를 권한다. 첫째, 성찰 – 나에게 중요한 것은 무엇인지 규정한다. 둘째, 통찰 –

내 주변에 무슨 일이 일어나는지 이해한다. 셋째, 상상 - 나는 무슨 일을 할 수 있는지 시각화한다. 우리는 이러한 세 가지 질문을 통해서 획기적인 성장의 첫걸음을 뗄 수 있다.

기획 과정에 모든 직원을 참여시켜라

조직이 안고 있는 근본적인 문제들 중의 하나는 '설득'과 '참여'의 부재다. 성숙한 사람일수록 점점 더 '의미'를 중요하게 여기며, 의미 있는 일에 더 적극적으로 참여한다. 적극적으로 참여하지 않는 직원에게 열정을 다해 일하기를 기대할 수는 없다. 반면에 자신이 직접 참여한 일에는 자발적으로 아이디어를 제안하고, 그만큼 더 일에 애착을 갖는다. 따라서 어떤 기획이든 플래닝 과정에 관련된 사람들을 참여시키는 것은 매우 중요하다.

그런 점에서 조 칼훈이 제시하는 '1시간 기획'은 사업을 획기적으로 성장시키는 강력한 기획서를 탄생시키는 작업일 뿐만 아니라, 직원들로 하여금 자신이 수행하는 일에 의미를 부여하도록 만들어 더욱더 열정적으로 참여하도록 만들어 줄 것이다.

그렇다면, 왜 지금인가?

우리가 살고 있는 이 세계는 상상할 수 없을 만큼 빠른 속도로 변화하고 있으며, 그 과정에서 수많은 문제와 기회가 발생한다. 그런데 사람들은 서둘러 미봉책을 마련하다 실패를 초래하거나 성급하게 달려들다 기회를 놓치곤 한다. 하지만 조 칼훈이 제시하는 '1시간 기획'은 우리가 직면한 문제에 대한 근본적인 해결책과 기회에 대한 장기적인 대책을 마련해 줄 것이다. 더불어 조직의 리더를 키워 내는 훌륭한 안내자 역할을 할 것이다. 그리고 더 나아가 개인적인 삶에 '1시간 기획서'를 응용함으로써 막연하게 꿈꾸던 목표가 손에 잡힐 듯 명확하고 절실해지며, 차근차근 현실화되는 것을 발견할 것이다.

초일류 기업의 성장 비결은 '1시간 기획서'

– 심재우, SB컨설팅 대표,
『GE의 핵심 인재는 어떻게 단련되는가』의 저자

기업이나 조직, 더 나아가서는 개인조차도 자신들이 추구하는 비전Vision과 목표Goal, 이것을 통해 추구하려는 미션Mission과 핵심 가치Core Values, 그리고 이것들을 효과적으로 달성할 수 있는 전략Strategy과 가장 먼저 수행할 우선 과제Priorities를 가져야 한다. 이것은 미션, 비전, 핵심 가치처럼 자신이 누구인지를 보여주는 정체성Identity과 목표, 전략, 우선 과제처럼 회사가 추구하는 목표로 양분된다. 만약 이것이 존재하지 않는다면, 최고경영자를 비롯한 모든 구성원들이 회사와 개인이 가진 역량과 자원을 한 방향으로 일치시킬 수 없기 때문이다.

비전, 미션, 가치, 목표, 전략, 우선 과제를 '비즈니스 성장 전략 기획서(BGSP : Business Growth Strategy Plan)'라고 부르는데, 글로벌 일류 기업들은 20~30년 전부터 이것을 개발하여 모든 직원이 공유함과 동시에 실행에 옮기고 있다. 감수자가 1989년부터

8년간 일했던 제너럴 일렉트릭General Electric에서도 이런 문구가 인쇄된 명함 크기의 플라스틱 카드를 항상 휴대하고 다니면서 상기하도록 만들었는데, 그 당시의 다른 기업에서는 볼 수 없었던 것이었다.

GE에서는 매년 직원들의 성과를 평가할 때 목표나 비즈니스 실적에만 의존하지 않고, 회사가 추구하는 정체성에 대한 철학을 얼마나 적극적으로 실천하는지에 대해서도 개인별로 평가하여 보상을 해주었다. 그래서 GE의 구성원들은 일과 성과에만 역점을 두지 않고 GE의 철학을 이해하고 공유하는 것은 물론, 개인의 철학과도 일치시켜서 실천하려는 마음가짐으로 노력했다. 이를 위해서 팀을 구성하여 심도 있게 회사의 철학과 실천 방안을 토론하였고, 그 결과를 구체적인 액션 플랜으로 만들어 실행에 옮기기도 했다.

『초일류 기업 성장의 비밀 1시간 기획』은 회사나 조직의 비즈니스 성장 전략 기획서를 누구든지 마음만 먹으면 1시간 내에 만들 수 있도록 안내한다. 또한 특별한 기술이나 노하우는 없어도 되고, 단지 책에서 안내하는 대로 따라 하기만 하면 된다. 이 책이 가진 장점은 수많은 기업들의 실제 사례가 함께 제시되어 있어서 이해하기도 쉽고, 누구든지 1시간 내에 자신만의 비전과 목표를 만들 수 있다는 것이다. 특히 직원들을 개발에 함께 참여시켜 만든다면, 자발성과 오너십을 높이게 되어 구성원 모두가 자연스럽게 회사의 비전과 목표를 자신의 것으로 받아들여 실행할 수 있는 이점이 있다.

이 책을 감수하기 위해 내용을 읽어 가면서 본인이 직접 기획한 정체성과 목표를 만들 때의 방법과 과정이 다시금 떠올라 당시의 흥분과 희열을 느껴 볼 수 있었다.

주변 사람들에게 아직까지도 회사나 개인의 정체성과 목표가 없는 이유를 물으면 바빠서 못한다고 한다. 하지만 아무리 바빠도 가장 먼저 해야 하는 일이 자신만의 정체성과 목표를 만드는 것이다. 사실 바쁘다는 것은 핑계이고, 그것을 만드는 구체적인 방법을 모르기 때문이다.

하지만 이 책만 있다면 회사나 개인 모두 약간의 시간과 노력을 통해서 제대로 된 정체성과 목표 개발이 가능하다. 이 책이 세상에 알려지면 지금까지 정체성과 목표 개발 컨설팅을 하는 기관들의 수익성이 급격히 하락할 것이다. 오직 소수만이 가지고 있던 개발 노하우가 모두에게 공개되기 때문이다.

감수자로서 '1시간 만에 비즈니스 성장 전략 기획서를 만드는 것이 과연 가능한가?'라는 의문을 해소하기 위해 한 회사가 워크숍을 진행하면서 액션 플랜을 만들어 가는 스토리텔링 형식의 사례를 '에필로그'에 수록했다. 이 책의 내용을 좀 더 쉽게 이해하는 데 도움이 될 것이다.

이 책은 독자들에게 무엇을 어떻게 하느냐는 물론이고, 왜 해야 하는지에 대한 도전과 성찰의 기회를 준다. 한때 베스트셀러였던 『시크릿』 같은 책이 단지 마음속으로 좋은 생각을 하라고 막연하게 제시했다면, 이 책은 머릿속의 생각을 글로써 구체화하여 실행에 옮길 수 있는 방법을 제시한다. 독자들이 이 책에서 제시하는 방법에 따라 실행에 옮긴다면, 구체적인 결과물을 얻게 될 것이라 확신한다.

심재우 씀

'적은 것이 많은 것'이라는 진리를 아는데 너무 오랜 시간이 걸렸다. 조 칼훈이 제안하는 '1시간 기획서'는 명확하고 강력하다. 내가 아는 한 최고다.

– 맥 앤더슨*Mac Anderson*, 석세소리즈 앤 심플 트루스
Successories and Simple Truths 창업자

사업에 투자할 시간이 하루에 1시간 밖에 없다면, 나는 '1시간 기획서'를 배우고 실행하는데 쓰겠다. 최종 목적지를 머리에 떠올리면 도달하는 과정이 더 쉽고 재미있다.

– 마이클 드레버*Michael Drever*, 엑스피디어 크루즈십센터
Expedia CruiseShipCenters 창업자, *CEO*

비전이 없는 사람은 삶의 의미를 찾을 수 없다. 이 책을 통해서 현재의 삶을 바꿀 수 있는 비전과 목적의식을 얻을 수 있다.

– 글래나 샐즈버리*Glenna Salsbury*, 전미 강연가협회 공인 강연가,
『새롭게 시작하는 방법*The Art of the Fresh Start*』의 저자

조 칼훈은 복잡한 주제를 실용적이며, 효과적이고 효율적으로 만들었다. 이 책의 내용은 성공에 필수적인 과제를 수행할 수 있도록 우리의 상상력과 에너지를 자극한다. '규율만이 사람을 자유롭게 한다.' 이 말이 옳다면 이 책을 읽는 독자들도 자유로워질 것이다. 시간을 투자한 만큼 확실한 보상을 받을 수 있기 때문이다.

– 프래드 프라이어Fred Pryor, 프래드 프라이어 세미나
Fred Pryor Seminars 창업자

조 칼훈은 비즈니스와 인생에 대처하는 방법론을 제시한다. 그의 방법론은 놀라울 정도로 단순하고 효과적이다. 만약 지금 있는 자리가 자신이 원하는 곳이 아니라면, 이 책은 바로 당신을 위한 책이 될 것이다.

– 밥 디킨슨Bob Dickinson, 카니발 크루즈라인Carnival Cruise Lines 전 CEO

우리는 기획의 필요성을 잘 알지만, 기획을 하지 않을 뿐더러 한다고 해도 그 기획이 효과적이지 못한 경우가 많다. 시간이 없어서 그렇다고 하지만, 사실은 방법을 모르기 때문이다. '1시간 기획'은 지금 당장 성장하는 기업으로 만들 수 있는 올바른 기획 방법을 제시한다.

– 스티븐 리틀Steven Little, 『창조적 벼룩에서 유연한 코끼리로
The 7 Irrefutable Rules of Small Business Growth』의 저자

조 칼훈이 제시하는 '1시간 기획서'는 우리가 기다려왔던 성공 안내서다! 비전, 미션, 가치, 전략 등을 짧은 시간에 간단하게 짤 수 있도록 했기 때문에, 이 책을 읽는 사람이면 누구든지 성공적으로 사업을 키울 수 있다. 40년 전, 내가 사업을 시작했을 때 이 책이 있었더라면 얼마나 좋았을까!

– 나오미 로드Naomi Rhode, 스마트프랙티스SmartPractice 공동 창업자

'1시간 기획서'는 자신의 생각을 구체화시켜 줄 뿐만 아니라, 모든 직원이 한 방향으로 나아갈 수 있도록 해준다.

– 봅 비엘Bobb Biehl, 봅 비엘 닷컴BobbBiel.com 창업자

이 책은 단순하고 직설적이며, 실용적이다. 명료한 비전은 긍정적이고 유쾌하며, 창의적인 조직 환경을 만든다. 그리고 직원들은 자신에게 부여된 임무 이상의 것을 완수한다. 기획 과정은 힘이 들뿐만 아니라, 많은 시간을 필요로 한다. 때로는 그렇게 해서 만들어 놓은 기획서가 너무 복잡하여 책상 서랍에서 잠자고 있는 경우도 많다. '1시간 기획서'는 사업을 성장시키기 위한 기획 과정을 놀라울 정도로 단순화했다. 현명한 사람이라면 조 칼훈이 제시하는 방법에 따라 단 1시간의 투자로 강력한 기획서를 만들어낼 수 있다.

– 오기 그래시스Augie Grasis, 핸드마크Handmark, Inc. 창업자, CEO

조 칼훈은 사업 성장 기획의 최고 전문가다. 그가 제시하는 '1시간 기획서'는 'KISS(Keep It Simple Steve, 단순하게 만들어라)'의 원칙을 체화한 책이다. 자신의 삶을 변화시키고, 획기적인 성장을 원하는 경영자와 리더라면 반드시 읽어야 한다. 일반 기획서는 물론 사업 성장 기획서를 단순하고 실용적으로 만들 수 있는 방법을 제시하기 때문이다.

– 스티븐 린너만Stephen Linnemann, *번즈 앤 맥도넬 엔지니어링*
Burns & McDonnell Engineering Co. 부사장

조 칼훈의 '1시간 기획'은 명확하고 단순하게, 그리고 완벽하게 기획서를 만들 수 있는 강력한 방법을 제안한다. 무엇보다 획기적인 것은 '종이 한 장'이라는 아이디어다. 조 칼훈의 단순성과 명확성, 간결성은 조직으로 하여금 불필요한 시간을 낭비하지 않고 목표에 집중할 수 있도록 도와준다.

– 바넷 헬즈버그Barnett Helzberg, 헬즈버그 기업 맨토링 프로그램
Helzberg Entrepreneurial Mentoring Program 창업자, *CEO*

조 칼훈의 책은 매우 구체적이고, 최고 전문가로서의 영감이 넘친다. 성공에 이르는 완벽한 기획서를 만들 수 있게 해주는 동시에 자신의 기획을 실현할 수 있는 방법을 가르쳐 준다.

– 니도 큐베인Nido Qubein, 그레이트 하베스트 브레드
Great Harvest Bread Co. CEO

전략 플랜을 수립하거나 기획을 하는 일이 컨설턴트의 영역 밖에서 이루어지기도 한다. 그렇다 보니 기획 과정이 길고 지루하며, 현실성이 떨어져서 실행에 옮기기에도 적당하지 못했다. '1시간 기획서'는 이러한 편견을 확실하게 깨버렸다. 조 칼훈의 접근 방법은 단순하고, 결과 중심이다. 나는 오래 전부터 그의 경험과 명확한 사고의 도움을 받아 왔다. 이 책에는 그의 경험과 노하우가 녹아 있다.

– 한스 헬메릭Hans Helmerich, 헬메릭 앤 페인Helmerich & Payne, Inc. CEO

많은 사람들이 기획의 중요성을 잘 알고 있음에도 불구하고 준비 없이 '사업'이라는 위험한 바다에 뛰어들고 있는 것도 사실이다. 조 칼훈이 제시하는 '1시간 기획서'는 단순하고 쉬워서 우리가 아는 것을 행동으로 옮기게 하는 힘을 키워 준다. 조 칼훈 덕분에 '행동하는 것이 힘'이라는 신조를 가지고 회사를 경영할 수 있게 되었다.

– 래리 브로톤Larry Broughton, BroughtonHotels.com,
ToolsForSuccess.com, LarryBroughton.net 창업자

오래된 속담 중에 '어디로 가고 있는지 모르면 원하지 않는 곳으로 갈 수 있다.'를 '어디로 가는지 알고 있으면 원하는 곳으로 갈 수 있다.'로 바꾸어야 할 것이다. 조 칼훈은 우리가 원하는 곳으로 갈 수 있는 방법을 쉽고 간단하게, 그리고 우아하게

단계별로 알려 준다.

– 론 윌링햄Ron Willingham, 라이프스크립트 러닝LifeScript Learning

나는 오래 전부터 조 칼훈의 팬이었다. '1시간 기획서'는 실행 가능하고, 그 결과를 빠르고 쉽게 얻을 수 있는 전략 플랜을 기획할 수 있도록 도와주는 새로운 개념의 기획 스킬이다.

– 밥 파이크Bob Pike, 밥 파이크 그룹The Bob Pike Group CEO

1장

. . .

'1시간 기획서'란 무엇인가?

THE 1 HOUR PLAN

1

출발 준비가 되었나요?

> *"함께 일하지 않으면, 이 세상의 모든 돈으로도 문제를 해결할 수 없*
> *습니다. 우리가 함께하면 해결하지 못할 문제는 없습니다."*
>
> — 유잉 코프먼, 매리언 랩*Marion Labs* 창업자

먼저 '1시간 기획서'를 배우기로 결정한 당신에게 축하의 인
사를 보낸다. 1시간 안에 기획서를 작성하는 작업은 결코 어려
운 일이 아니다! 당신은 앞으로 1시간 내에 단순하면서도 강력
한 기획서를 갖게 될 것이고, 기획한 것이 결과로 이어지는 명
확성을 경험하게 될 것이다.

이 책은 사업을 성장시키는데 필요한 기획서 작성 방법을 기

본으로 다루고 있다. 사업을 성장시킨다는 것은 매출 성장, 조직의 성장, 고성과 팀 구축, 고용 안정, 고용 인력 창출, 사회와 고객에 대한 기여, 그리고 내재된 가능성을 실현하는 모든 것을 의미한다.

이 책을 읽고 나서 1시간이 지난 후에 당신은 사업을 성장시키려는 조직의 리더로서, 혹은 혁신적인 변화를 도모하는 조직의 책임자로서, 또는 의미 있는 삶을 꿈꾸는 개인으로서 목적한 바를 실현하는 강력한 기획 시스템을 갖게 될 것이다.

우선 이 책을 활용하는 세 가지 방법을 설명하는 것으로 '1시간 기획서'의 첫걸음을 시작해 보자.

1. '저자의 제안'을 따라서 책을 읽으면 가장 중요한 실행 전략이 포함된 기획서를 1시간 안에 작성할 수 있다.
2. 2시간 정도를 투자해서 이 책 전체를 읽으면 사업을 성장시키는데 필요한 보다 깊이 있는 정보와 다양한 전략을 배울 수 있다.
3. 관련된 사람들을 모두 기획 과정에 참여시켜야 한다. 그래야만 자신들이 제안한 기획안을 실현하기 위해 적극적으로 노력한다.
   * 이와 관련해서 더 자세하게 알고 싶은 사람은 아래 홈페이지를 참고하기 바란다.
   www.1Hour2Plan.com

시간적 여유가 있다면, 책 전체를 읽어도 좋다. 아니면 내가 제시하는 지름길을 따라 필요한 단계만 거쳐도 좋다. 지름길을 택하든, 책 전체를 읽든 다른 사람들이 기획서를 작성하기 위해 이런저런 준비를 하며 보내는 시간 동안 당신은 강력한 한 장의 기획서를 완성하게 될 것이다.

먼저 다음 세 가지 질문에 답하는 것으로 기획을 시작해 보자.

첫째, 어디로 가고 싶은가? _ 1단계 : 25분
둘째, 지금 어디에 있는가? _ 2단계 : 10분
셋째, 목적지까지 어떻게 갈 것인가? _ 3단계 : 25분

강력한 한 장의 기획서를 만드는 각 단계는 흩어진 퍼즐 조각과 같다. 지금 단계에서는 퍼즐의 그림이 어떤 모습으로 완성될지 알 수 없다. 기획서가 완성되기 전까지는 말도 안 되는 모양의 그림일 수도 있다. 하지만 완성 단계로 나아가는 일련의 과정을 신뢰해야만 이 책에서 의도하는 효과를 얻을 수 있다. 그럼, 당신이 배우게 될 '1시간 기획서'의 3단계를 간략하게 소개한다.

1단계 : 어디로 가고 싶은가? _ 당신과 조직에 영감을 주는 사업의 목적 Goal*을 적는다. ➡ 25분 사용

- 1-1 비전 연습 : 당신과 조직에 영감을 주는 사업의 가장 큰 목적을 규정한다.
- 1-2 미션 연습 : 당신의 조직은 왜 존재하는지, 고객의 삶에 궁극적으로 무엇을 기여하는지 규정한다.
- 1-3 가치 연습 : 직원 모두가 즐겁게 일하려면 어떤 행동 수칙이 필요한지 규정한다.
- 1-4 목표objective 연습 : 당신의 성공과 조직의 성과를 평가하는 방법을 규정한다.

2단계 : 지금 어디에 있는가? _ 당신의 조직이 처해 있는 냉혹한 현실을 적는다. ➡ 10분 사용

- 2-1 이슈 연습 : 반드시 논의되어야 할 주요 이슈를 확인한다.

3단계 : 목적지까지 어떻게 갈 것인가? _ 주요 전략 분야와 누가 무엇을 언제까지 할 것인지를 적는다. ➡ 25분 사용

- 3-1 전략 연습 : 주요 전략 분야를 규정한다.
- 3-2 우선 과제 연습 : 누가, 무엇을 언제까지 수행할 것인지 규정한다.

---

* 일반적으로 '목적', '목표'로 해석되나 이 책에서는 Objective(목표)보다 장기적이고 상위적(上位的)인 개념으로 사용되므로, 'Objective'와 구분하기 위해 '목적'으로 번역함.

2

THE 1 HOUR PLAN

'1시간 기획서'란?

"무언가를 하는 데는 힘이 필요하지 않다. 하지만 무엇을 할 것인지를 정하는 데는 매우 강한 힘이 요구된다."

― 앨버트 허버드*Elbert Hubbard, 철학자*

"자신의 미래를 예측하는 가장 좋은 방법은 스스로 자신의 미래를 만드는 것이다."

― 스티븐 코비*Stephen R. Covey, 작가*

어떤 조직이든 간에 기획서는 비전, 미션, 가치, 목표, 전략, 우선 과제가 담긴 종이 한 장으로 충분하다. 그렇게 해야만 조직 구성원들이 각자의 우선 과제에 더욱더 집중할 수 있다.

기획에 어려움을 겪는 이유는 뭘까?

기획 과정에 참여하는 것만으로도 직원들의 능력, 업무 몰입도, 생산성을 획기적으로 높일 수 있다. 그런데 왜 대부분의 사람들이 이런 과정을 기피하거나 무시하는 것일까? 이유는 아주 간단하다. 기획을 하는 과정에서 다음과 같은 다섯 가지 문제가 발생하기 때문이다.

1. 대부분의 기획이 지나치게 거창하거나 많은 내용을 담고 있다.
2. 기획 과정에 너무 많은 시간이 투입된다.
3. 극소수의 사람들만 기획 과정에 참여하고, 일회성 행사처럼 전시적으로 시행되는 경우가 많다.
4. 대부분의 기획서가 책상 서랍 안에서 잠자고 있다.
5. 대부분의 기획서가 조직 성장에 영향을 미치지 못한다.

이 책에서는 위와 같은 문제점에 대해 다섯 가지 해결책을 제안한다.

1. A4 용지 한 장에 모두 담을 수 있는 기획안을 작성하라.
2. 기획 과정은 몇 시간 이내로 제한하라. 여러 날, 여러 주가 걸릴수록 내용만 복잡해진다.
3. 직원들을 기획 과정에 참여시켜라.
4. 기획서를 진행 상황을 확인하는 점검 시스템으로 활용하라.
5. 우선 과제를 설정하고, 실행하고, 달성될 때마다 축하하라.

다음 페이지에 예시한 [표 2-2]를 참고하여 아래 [표 2-1]에 조직을 성장시키기 위한 기획서를 작성해 보자.

[표 2-1] **1시간 기획서**

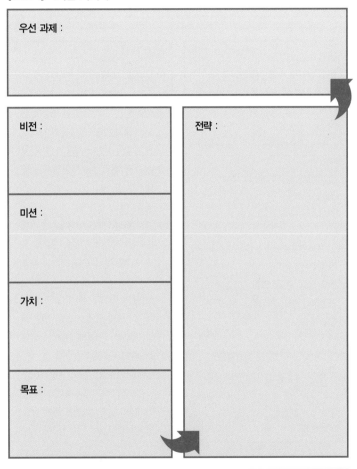

Joe Calhoon   Business Growth Plan

Clarity that Leads To Action | 10100 N. Ambassador Drive, Suite 105 / Kansas City, MO 64153 / phone : 816-285-8144 / fax : 816-285-8145 / joecalhoon.com

[표 2-2] 1시간 기획서 : '잭 스택 바비큐' 사의 기획서 샘플

우선 과제 :

- 3월 12일까지 6개 부서와의 미팅을 통해 회사의 비전과 미션, 가치를 알린다.
- 3월 12일부터 경영진 칭찬 카드를 사용한다.
- 3월 25일까지 시티 유니언 미션 골프 경기 제안서를 제출한다.

비전 :

미국 최고의 맛을 자랑하는
캔자스시티 바비큐 레스토랑

미션 :

고객에게 놀라운 바비큐 맛을
경험하게 한다

가치 :

정도 경영, 존중, 열정,
긍정적인 태도, 탁월한 능력 개발,
팀워크, 봉사

목표 :

- 고객 만족도
- 직원 만족도
- 재무 평가
- 매니저 / 경영진 설문 조사

전략 :

- **팀워크** : 지속적으로 팀 단위의 프로젝트 시행, 긍정적인 피드백과 성과 인정, 그리고 권한 이양을 통해 직원의 만족도를 향상시킨다.
- **인적 자원** : 인재 채용, 능력에 맞는 보직 배치, 지속적인 교육을 통해 가치를 공유하는 고성과 팀을 구축한다.
- **가치 경험** : 깨끗한 환경, 친절한 분위기, 지속적인 메뉴 개발을 통해 고객에게 최고의 맛과 가치를 제공한다.
- **생산성** : 자원과 첨단기술의 활용, 측정 가능한 운영 시스템 개발, 소통 채널의 간소화를 통해 운영의 효율성을 강화한다.
- **마케팅과 판매** : 충성고객층 창출, 브랜드 인지도 강화, 통합 고객 데이터베이스 프로그램을 통해 매출을 강화한다.

Joe Calhoon   Business Growth Plan

Clarity that Leads To Action | 10100 N. Ambassador Drive. Suite 105 / Kansas City. MO 64153
/ phone : 816-285-8144 / fax : 816-285-8145 / joecalhoon.com

3단계 기획 프로세스

1단계 : 어디로 가고 싶은가? _ 가장 먼저 당신과 조직에 강한 동기를 부여하는 장기적 열망이 무엇인지 규정하는 것으로 시작하라. 여기에는 조직의 비전, 미션, 가치 등이 포함되며, 이러한 요소들은 참여자들에게 희망을 준다. 어떤 목적의 조직이어야 당신과 직원들이 열의를 갖고 일하게 될지(비전), 고객들과 사회에 어떤 기여를 하게 될지(미션), 함께 즐겁게 일할 수 있는 근무 환경을 만들려면 어떤 기준을 세워야 할지(가치) 등이 담겨 있는 한 장의 기획서는 장황한 수백 페이지의 기획서보다 훨씬 더 효과가 크다. 또한 1단계에는 어떻게 성공을 평가하고 측정할 것인지(목표)가 규정되어야 한다.

2단계 : 지금 어디에 있는가? _ 어디로 가고 싶은지를 정했으면, 지금은 어디에 있는지를 확인해야 한다. 현재 상황에서 논의해야 하거나 해결해야 할 주요 이슈는 무엇인가? 리스트에 오른 이슈들 중에서 5~10개의 주요 이슈를 추려낸다.

3단계 : 목적지까지 어떻게 갈 것인가? _ 현재 있는 곳에서 목적지로 설정한 곳에 어떻게 갈 것인지를 정하는 단계. 목적지에 도달하기 위해서 집중해야 할 전략 분야(전략)와 누가, 무엇을, 언제까지 해야 하는지(우선 과제)를 규정한다.

어떤가? 기획은 이렇게 간단하며, 쉽고 효과적이다. 이제부터 '1시간 기획서'를 본격적으로 시작해 보자!

> ➡ **저자의 제안** _ 기획에 관해 자세한 정보를 원하면 계속 읽고, 지름길을 택하려면 '3. 비전'(47페이지)으로 가십시오.

올라야 할 산이 있다

"경험 많은 등산가는 산을 두려워하지 않고 오히려 영감을 얻는다. 끈질긴 승자는 난관 때문에 낙담하지 않고 오히려 도전의식을 불태운다. 산은 올라야 하고, 적은 무찔러야 하고, 난관은 해결해야 한다."
– 윌리엄 아더 워드William Arthur Ward, 작가

모든 등산가에게 에베레스트 산은 최종 목적지일 것이다. 1984년, 워렌 톰슨Warren Thompson은 중국, 러시아, 미국의 등산가들로 구성된 등반 팀과 함께 에베레스트 산 등정을 계획했다. 그리고 1990년, '지구의 날'에 미국인 최초로 에베레스트 산을 정복한 짐 휘테커Jim Whittaker를 대장으로 하는 다국적 등반 팀은 세계에서 가장 높은 산을 정복했다.

그로부터 몇 년 후, 내가 워싱턴에서 진행했던 리더십 워크숍에 워렌 톰슨이 참석하게 되었다. 그와 나는 리더십과 기획의 역할에 대해 많은 이야기를 나누었다. 그때 나누었던 대화의 핵심을 요약하면 이렇다. 톰슨이 이끄는 등반 팀원들은 산을 오르기 전에 여섯 가지 질문을 자신들에게 던졌고, 질문에 대해 확실한 답을 얻은 후에야 산을 올랐다고 한다. 훗날 그들은 만약 그렇게 하지 않았다면, 정상에 오르지 못했을 것이라고 말했다. ([표 2-3]을 참조)

사업이 성장하지 못하고 실패하는 이유는 이러한 기본적인 질문에 대해 확실한 답을 얻지 못했기 때문이다. 목적한 바를 이루고, 지금보다 더 성장하고, 사회에 공헌하려면 다음과 같은 여섯 가지 질문에 명확하게 답할 수 있어야 한다.

[표 2-3] 동기를 불러일으키기 위한 여섯 가지 질문

1. 우리는 어떤 산을 오르는가?	비전
2. 왜 오르는가?	미션
3. 오르는 동안 서로를 어떻게 대할 것인가?	가치
4. 성공을 어떻게 측정할 것인가?	목표
5. 해야 할 일은 무엇인가?	전략
6. 누가 무엇을 언제까지 할 것인가?	우선 과제

기획 과정에 직원들을 참여시켜라

갤럽에서 조사한 결과에 의하면 어느 조직이든 세 종류의 사람, 즉 '참여하는 사람', '참여하지 않는 사람', '적극적으로 불참하는 사람'이 있다고 한다. 그런데 전체 직원의 28%만이 조직의 일에 적극적으로 참여한다는 것이다. 이들은 목적지에 도달하기 위해 최선을 다하고, 계획한 대로 행동에 옮기는 성취자들이다. 반면에 대부분의 직원들(54%)은 적극적으로 참여하지 않은 방관자들이다. ([표 2~4]를 참조)

나머지 18%는 적극적이지 않을 뿐만 아니라, 오히려 방해가 되는 파괴자들이다. 이들은 기대나 꿈이 없는 사람들로서 항상 모든 일에 비판적일 뿐만 아니라, 남을 원망하기 일쑤다. 결코 혼자 죽지 않겠다는 태도가 이들의 모토다.

불행히도 대부분의 사람들은 오로지 주말을 기다리며 일주일을 보낸다. 만약 우리가 설레는 마음으로 매일 하루를 맞는다면 더 행복하고, 건강하고, 생산적인 삶을 살 수 있지 않을까!

[표 2-4] **업무 참여도에 따른 직원 구분(갤럽 조사 결과)**

구성 비율(%)	조사 결과	직원의 태도	직원 구분
28%	참여	한 발 더 나아감	성취자
54%	참여하지 않음	시간 때우기	방관자
18%	적극적으로 참여하지 않음	조직과 팀을 파괴	파괴자

직원들의 참여를 최대한으로 끌어내기 위해서는 기획 과정에 그들을 참여시켜야 한다. 물론 책임자 혼자서 기획을 도맡아 할 수도 있다. 하지만 그렇게 하면 직원들에게 기획 내용을 정확하게 이해시킬 수 없다. '참여 없이는 헌신도 없다!'는 원칙을 잊지 말자.

여섯 가지 요소와 세 가지 시간 프레임

신사업 프로젝트를 맡은 개발 팀이든, 업무 혁신을 꾀하는 부서든, 아니면 수만 명의 직원을 거느린 다국적 기업이든 간에 사업 성장을 위한 기획은 복잡할 필요가 전혀 없이 여섯 가지 기본 요소만 충족시키면 된다.

처음 세 가지 요소는 '비전', '미션', '가치'로서 장기 기획이며, 한 번 정해지면 장기간에 걸쳐 조직 운영의 토대가 된다. 다음 두 가지는 '목표'와 '전략'으로서 중기 기획이다. 마지막 한 가지는 '우선 과제'로서 짧은 기간 내에 완료해야 하는 단기 기획이다.

장기 기획

장기 기획은 조직이 소멸하거나 혁신적 변화를 겪지 않는 이상 영구적인 것으로, 짧게는 수년 길게는 수십 년 이상 유지되며, 향후 조직에서 내리는 모든 결정의 기준이 된다.

장기 기획의 세 가지 요소인 비전, 미션, 가치는 각각 다음과 같은 세 가지 질문에 대한 답이다.

'사업의 가장 큰 목적은 무엇인가?' (비전)

'고객과 사회에 어떤 기여를 하는가?' (미션)

'모두 즐겁게 일하려면 어떤 행동 수칙이 필요한가?' (가치)

비전Vision _ 명확하고 단일한 비전이 없으면 사람들은 목적의식 없이 헤매거나 집중하지 못한 채 시간을 낭비하게 된다. 비전이 하나(One vision)가 아니면 분열(Division)될 수밖에 없다. 'Di'는 두 개를 의미한다. 비전이 두 개 혹은 세 개일 수 있다. 하지만 그렇게 되면 어떤 사람들은 이 산을 오르려 할 것이고, 다른 사람들은 저 산을 오르려 할 것이며, 일부는 또 다른 산을 찾아 헤맬 것이다. 더 심각한 것은 아예 산에 오르는 것을 포기한 채 베이스캠프에서 어슬렁거릴 수도 있다는 사실이다.

미션Mission _ 미션은 구성원 모두가 공동의 목적의식을 가질 수 있도록 해준다. 워렌 톰슨이 이끌었던 에베레스트 등반 프로젝트의 미션은 환경에 대한 책임의식을 전 세계인들에게 환기시키자는 것이었다. 미션은 지금 하고 있는 일을 '왜?' 하고 있는지를 설명해 준다. 다시 말해서 자기 행동의 동기를 의미하는 것이다. 사람은 누구나 동기에 의해 움직인다. 문제는 '무엇이 동기를 유발시키는가?'이다. 회사의 미션이 '고객 중심'이라는 데 공감한다면 직원들은 고객을 무엇보다도 우선시 할 것이고, 결국에는 조직과 자신의 목적을 달성하게 된다는 점을 깨닫게 될 것이다.

여론조사 기관인 해리스Harris Poll에서 23,000명의 직장인들을 대상으로 설문 조사를 실시했는데, 답변자 중 37%만이 자신이 속한 조직이 무엇을 달성하려 하는지(비전), 그리고 왜 그것을 달성하려 하는지(미션)를 아는 것으로 나타났다.

가치Values _ 그렇다면, '가치'는 무엇인가? 삐걱거리는 조직을 들여다보면(물론, 어느 조직이든 삐걱거리는 부분이 아예 없을 수는 없다.) 거의 대부분은 사람 문제에서 비롯된다는 것을 알 수 있다. 또한 그 뿌리를 찾아가 보면 언제나 가치와 행동의 문제로 연결된다. 가치를 공유하게 되면 직원들이 함께 즐겁게 일하는 데 필요한 행동의 기준이 만들어진다. 목적지를 향해 나아갈 때, 즉 산을 오를 때 동료들을 어떻게 대할 것인가에 대한 답이 가치인 것이다. 가치는 높은 신뢰와 성과를 기반으로 하는 조직 문화를 만든다.

장기 기획의 세 가지 핵심을 정리하면 '비전'은 영감을 주고, '미션'은 동기를 부여하며, '가치'는 긍정적 행동을 유발한다.

중기 기획

중기 기획은 주로 연간 단위로 수립되며, 길게는 3년 단위의 기획을 세우기도 한다.

목표Objectives _ 성공을 평가하는 기준이 목표이다. 예를 들어, 성장 중심의 목표는 고객 평가, 직원 평가, 재무 평가 등으로 평가할 수 있다. 목표는 성공을 평가하는 주요 지표들을 얼마나 빨리, 얼마나 크게, 혹은 얼마나 높이 달성하고 싶은지를 정하는 것이다. 또한 목표는 직원들이 수행하는 일의 진행 상황을 확인할 수 있게 해준다.

유능한 리더는 목표의 중요성을 잘 이해한다. 평가되는 업무여야만 완수된다는 것을 잘 알기 때문이다. 하지만 안타깝게도 명확하게 정의되고, 균형 있게 분배된 목표를 실행하는 조직은 극히 드물다.

전략Strategies _ 비스니스 세계에서 비전을 실현할 수 있는 전략은 다양하다. 마케팅 분야의 경우, DM을 활용할지, 또는 이메일 홍보나 지면 광고, 방송 광고, 전시회 참가 혹은 입소문 마케팅이나 소셜미디어를 활용할지를 결정해야 할 것이다. 전략은 완수해야 할 업무 분야를 규정하는 것이다.

전략 및 조직 이론 분야의 전문가인 윌리엄 조이스William f. Joyce와 니틴 노리아Nitin Nohria 등이 공동으로 저술한 『비즈니스 성공을 위한 불변의 공식What Really Works』이라는 책에서는 전략의 중요성에 대해 설명하면서 비즈니스의 성공 여부를 결정하는 가장 중요한 요소는 '조직 구성원들 간의 원활한 커뮤니케이션을 통해서 기획된 전략'이라고 강조했다.

단기 기획

단기 기획은 월별 또는 분기별로 수립되며, 여기에는 우선 과제가 포함된다.

우선 과제 Priorities _ 기획의 마지막 요소는 '우선 과제'이다. 우선 과제에는 해결해야 할 문제들, 완수해야 할 업무들, 개발해야 할 능력 등이 포함된다. 최근에 만난 어떤 리더는 자신의 팀이 기획서를 작성하는데 수주일이 걸렸다며 내게 불평을 했다. 이야기를 들어 보니 그 기획서는 무려 100여 페이지에 달했고, 정작 완성된 후에는 그의 책상 서랍에서 얌전히 잠자고 있었다. 왜 그렇게 되었을까? 그 이유는 기획서 속에 포함되어야 할 '우선 과제'라는 중요한 요소를 빠뜨렸기 때문이다.

기획서를 만들 때 우선 과제를 정하지 않으면 일이 진척되지 않는다. 그래서 우선 과제를 정하여 누가, 무엇을, 언제까지 해야 하는지를 반드시 명시해 두어야 한다. (표 [2-5]를 참조)

우선 명확하고 단순한 기획서를 만들도록 하자! 세부 사항을 중요하게 생각하는 사람들은 뭔가 부족하다는 느낌을 가질 수도 있다. 하지만 세부 사항은 나중에 얼마든지 추가할 수 있으므로 일단은 명확하고 단순하게 시작하자! 제너럴 일렉트릭을 이끌었던 잭 웰치는 단순함의 중요성에 대해 이렇게 강조했다.

"단순해지기가 얼마나 어려운지 상상조차 할 수 없을 것이다. 사람들은 '내가 너무 단순한 사람이 아닐까?', 그리고 '사람들이 나를 단순하다고 생각하지 않을까?'라고 두려워한다. 하지만 사실은 그 반대를 걱정해야 하는데 말이다!"

우리 앞에 올라가야 할 거대한 산이 있다. 유능한 리더라면 위에서 언급한 여섯 가지 요소를 명확하게 정리함으로써 직원들의 열정을 이끌어내는 것은 물론, 최대의 성과를 창출할 것이다.

다시 한 번 강조하지만 강력한 한 장의 기획서는 조직을 성장시키고, 직원들의 리더십 역량을 키우며, 구성원들이 서로 화합하여 중요한 일에 집중할 수 있게 한다. "간절히 원하면 이루어진다!"라고 흔히 말하지만, 뭔가를 간절히 원하는 것도 기획서를 만드는 것 이상의 에너지가 소비된다. 그러니 차라리 기획서를 만드는 일에 에너지를 소비하는 것이 더 유용하지 않겠는가!

[표 2-5] **1시간 기획서 사례**

시간 프레임	여섯 가지 요소	여섯 가지 요소의 핵심
장기 기획	비전	**사업의 가장 큰 목적은 무엇인가?** • 어느 지역에서 무엇을, 누구에게 제공할 것이며, 얼마나 잘하고 싶은가? • 비전이 명확하고 영감을 주는가?
	미션	**고객의 삶에 무엇을 기여하는가?** • 왜 하는가? • 미션 선언문을 티셔츠에 인쇄할 만한가?
	가치	**모두가 즐겁게 일하려면 어떤 행동 수칙이 필요한가?** • 행동 수칙이 직원의 노력, 능력, 인격을 고양시키는가?
중기 기획	목표	**성공 여부를 어떻게 평가할 것인가?** • 목표가 성장 중심적인가? • 고객 만족도, 직원 만족도, 재무 실적을 평가하는가? • 평가 방법이 명확하고 간단한가?
	전략	**주요 전략 분야는 무엇인가?** • 각 전략 분야의 주요 이슈가 무엇인지 아는가? • 각 전략 분야의 주요 이슈들을 해결할 핵심 전략은 무엇인가?
단기 기획	우선 과제	**누가 무엇을 언제까지 실행할 것인가?** • 우선 과제는 동사를 사용하여 명시하고, 기한을 설정하고, 평가 방법을 정했는가? • 각각의 우선 과제를 실행할 담당자를 정했는가?

짧고, 명확하고, 단순한 기획서를 찾아보기는 정말 힘들다. 대신 불면증을 고쳐 줄 만큼 지루한 기획서는 너무나도 많다. 내 경험상 당신에게 확실하게 말할 수 있는 것은 종이 한 장에 모두 들어가지 않는 기획은 본 적이 없다는 점이다. 물론 머릿속에 있는 모든 생각을 기획서에 전부 넣을 수는 없지만, 종이 한 장으로 요약하면 개인과 조직이 성장하는데 필요한 것이 무엇인지 정확하게 알 수 있다.

대부분의 조직에 기획 시스템이 없다

"중요한 것은 기획하는 과정이다."
　　　　　　　　　 – 드와이트 아이젠하워*Dwight D. Eisenhower, 미국 34대 대통령*

아이젠하워 장군은 1944년 6월 6일의 노르망디 상륙 작전을 이끈 최고 사령관이었고, 히틀러가 장악한 '유럽 요새(Fortress Europe, 2차 세계대전 중 나치 치하에 있던 유럽)' 공격 작전을 기획하는데 핵심적인 역할을 했다. 노르망디 상륙 작전은 노르망디 해안에 전투기 12,000대, 전함 5,000척, 130,000여 명이 상륙을 감행한 엄청난 규모의 육해공 합동 작전이었다. 규모가 컸던 만큼 전투가 진행되는 동안, 작전은 계속 수정되어야 했다.

"기획 자체는 중요하지 않다. 중요한 것은 기획하는 과정이다.”

아이젠하워 장군은 전략이나 작전을 기획하는 과정에서 더 많은 것을 배울 수 있다는 점을 잘 알고 있었던 것이다. 이는 어떤 사업이든 마찬가지다. 기획을 시작하는 단계가 사업이 시작되는 단계인 것이다. 여기에 어떤 조직이든 다음 단계로 성장하도록 돕는 효과가 입증된 '기획의 6단계'를 소개한다.

1단계 : A4 한 장 분량의 기획서를 작성한다. 세부 사항은 별첨으로 추가할 수 있다.

2단계 : 1개월에서 3개월 사이에 완수해야 할 우선 과제를 정한다.

3단계 : 위 기간이 지나면 진행 상황을 확인한 후 기획을 재검토하여 다음 1개월에서 3개월 사이에 완수해야 할 우선 과제를 정한다.

4단계 : 이런 방식으로 연말까지 진행한다.

5단계 : 새해가 시작되면 다시 A4 한 장에 들어갈 새로운 기획을 만든다.

6단계 : 2~5단계를 반복한다.

기획하고, 실행하고, 진행 사항을 평가하는 과정이 단순한 것처럼 보이지만, 이는 성공을 보장하는 가장 강력한 기획 시스템이다.

2장

...

어디로
가고 싶은가?

THE
1HOUR
PLAN

THE 1 HOUR PLAN

3

THE 1 HOUR PLAN

비전

: 사업의 목적은 무엇인가? _ (사용 시간 : 6분)

"훌륭한 경영자는 명확한 비전을 가지고 있고, 그것을 열정적으로 옹호하며, 그것을 실현하기 위해 끈질기게 노력한다."

– 잭 웰치Jack Welch, 제너럴 일렉트릭 전임 CEO

"직원들은 비전을 공유하고, 서로 협력할 때 진정으로 동기 부여가 된다."

– 그렉 버스틴Greg Bustin, 작가

비전은 조직이 꿈꾸는 미래를 단어로 그린 그림이다. 비전은 평가 가능해야 하고, 달성 가능해야 하고, 영감을 주어야 한다.

윌슨 옥셔니어

아칸소 주 핫 스프링스에 본사를 둔 '윌슨 옥셔니어Wilson Auctioneers'는 빌 클린턴 전 대통령 생가를 비롯해 수천여 채의 주택과 건물을 판매한 부동산 경매 회사다. 나는 윌슨 옥셔니어 본사에서 열린 기획 회의에 참여 중이었다. 회의 도중 CEO인 조 윌슨은 몸을 약간 뒤로 젖힌 채 고개를 들어 천정을 한참 바라보더니 나를 향해 고개를 돌리며 물었다.

"우리가 되고 싶은 것이 무엇인지 아십니까?"

잠시 뜸을 들이던 그는 천천히 힘을 주어 이렇게 말했다.

"아칸소 주 최고의 부동산 경매 회사가 되는 것입니다."

그렇다. 바로 이것이 윌슨 옥셔니어의 비전이었다. 그 회의에 참석한 사람들은 그의 비전에 공감했고, 그것은 모두에게 열망을 불러일으켰다. 그것으로 충분했다. 우리는 비전의 성공을 시장 점유율과 고객 만족도로 평가하기로 결정했다. 다음 해에 윌슨 옥셔니어의 고객 만족도는 급격히 상승했고, 매출은 두 배로 증가했다.

비전 선언문은 왜 필요한가?

조직의 비전은 조직의 미래를 보여주고 전달한다. 비전의 역할은 다음과 같다.

- 비전은 이상적으로 꿈꾸는 미래를 명확하고 설득력 있게 보여준다.
- 비전은 전략적 의사결정의 기준이 된다.
- 비전은 한 단계 높은 수준의 사회 기여와 성과에 대한 열망이다.
- 비전은 앞으로 나아갈 방향을 제시해 주는 나침반과 같다.

비전 선언문 작성하기

다음과 같은 네 가지 질문에 답해 봄으로써 명확하고 간결한 비전 선언문을 작성할 수 있다.

첫째, 당신이 기획하는 사업이 지리적으로 영향을 미칠 수 있는 범위는 어디까지인가? 국내 지역을 대상으로 하는가? 아니면 해외 지역까지 가능한가?

둘째, 어떤 고객과 시장을 대상으로 하는가?

셋째, 구체적으로 어떤 제품, 어떤 서비스를 제공할 것인가?

넷째, 얼마나 뛰어난 조직이 되고 싶은가? 예를 들면, 업계 최고의 매출을 올리고 싶은가? 업계에서 가장 큰 신뢰와 사랑을 받고 싶은가? 최고의 제품, 최고의 서비스를 제공하고 싶은가?

위의 네 가지 질문에 대해 고민해 봄으로써 조직을 성장시키는 비전을 만들 수 있다. 각 질문에 명확하고 간단하게, 그리고 집중력을 가지고 답해야 한다.

비전 선언문 작성에 참고할 수 있는 몇몇 기업들의 비전을 소개한다. ([표 3-1]과 [표 3-2]를 참조)

[표 3-1] **Z3 그래픽스** Z3 Graphix (캔자스 주, 레넥사)

1. 지역 범위	중서부
2. 고객 및 시장	기업체
3. 제품 및 서비스	혁신적인 다이렉트 마케팅 솔루션
4. 시장 포지셔닝	최대 공급자

[표 3-2] **배츠 커뮤니케이션** Batts Communications (미주리 주, 레이타운)

1. 지역 범위	캔자스시티
2. 고객 및 시장	중소기업
3. 제품 및 서비스	텔레콤 솔루션
4. 시장 포지셔닝	가장 신뢰받는 공급자

비전을 정하는 단계에서는 '이 정도면 충분해!'라는 원칙을 따라야 한다는 점에 주의해야 한다. 다시 말해, 이 단계에서는 '나는(우리 조직은) 무엇이 되고 싶은가?'라는 질문에 답하는 정

도면 충분하다는 것이다. 간단하고 직설적인 표현을 멋있는 말로 바꾼다거나 좀 더 다듬는 일은 나중에 하면 된다. 예를 들어, 짧고 간단한 비전으로 설정한 '신뢰받는 공급자'와 '텔레콤 솔루션'을 '캔자스시티에서 가장 신뢰받는 텔레콤 솔루션 공급자'라는 표현으로 다듬을 수 있다.

주요 기업에서 설정한 비전을 소개하면 다음과 같다.

'애플은 세계 140여 개국의 학생, 교육자, 디자이너, 과학자, 엔지니어, 사업가와 소비자를 지원하고, 그들에게 최고의 PC 제품을 제공하고자 헌신한다.' – 애플Apple

'전 세계 사람들에게 영양 많고, 맛있는 제품을 제공하는 세계 최고의 식품 회사' – 하인즈Heinz

'전 세계인이 선택하는 항공사.' – 델타 에어라인Delta Airlines

'전 세계 외식 산업의 압도적인 선두주자'

– 맥도날드McDonald's

'북미 지역 최고의 홍보 기념품 제작 회사'

– 리뎀션 플러스Redemption Plus

'캔자스시티 최고의 살롱 앤 스파 경험을 제공한다.'
– 비진 살롱 앤 스파bijin salon & spa

'지속 가능한 성장으로 전 세계 고객이 가장 선호하는 최고 품종의 소나무 공급업체가 된다.' – 바즈 포레스트 프러덕트Barge Forest Products

'세계적인 당뇨 관리 전문 선도 기업' – 노보 노디스크Novo Nordisk

'국내 최고의 혁신적인 레일링 시스템 기업' – 리버스 브론즈 컴퍼니Livers Bronze Company

[연습 1-1] 비전 선언문 작성하기

이제 당신의 비전 선언문을 작성할 차례다. 다음의 4단계 질문에 답하라.

1. 지역적 범위는?

   (당신의 사업이 대응할 수 있는 현실적인 지역적 범위를 정한다.)

2. 누구에게 제공하는가?

   (이상적인 목표 고객과 시장에 집중한다.)

3. 무엇을 제공하는가?

   (제공하는 제품과 서비스가 무엇인지를 명확하게 규정해야 한다.)

4. 얼마나 뛰어난 조직이 되고 싶은가?

   (현실적이어야 하고, 달성 가능한 것이어야 한다.)

[표 3-3]을 참고하면 비전 선언문을 작성하는데 도움이 된다.

[표 3-3]

네 가지 질문	추천 단어	비전 선언문 작성하기
대상 지역 범위 (국내 ~ 해외)	• ○○시 • ○○ 지역 • 국내 • 세계	＿＿＿＿＿＿＿ 에서
누구에게 제공하는가? (고객 서비스)	• 중소기업체 • 독신 여성 • 중고생 자녀를 둔 부모 • 개인사업자	＿＿＿＿＿＿＿ 에게

무엇을 제공하는가? (제품, 서비스)		_____ 제공하는
얼마나 뛰어난 조직이 되고 싶은가? (시장 포지셔닝)	• 주도적인(Leading) • 가장 생산적인(Most productive) • 최고 품질(Highest quality)의 • 업계 최대(Largest)의	_____ 공급업체 (어떻게 평가할 것인가?)

자신의 비전을 아래에 기록한 다음, 기획서에 옮겨 적는다.

_____

_____

_____

_____

_____

_____

_____

➡ **저자의 제안** _ 축하합니다! 여기까지 '1시간 기획서'의 10%를 해 냈습니다. 비전에 대해서 더 알고 싶으면 계속 읽고, 지름길을 택 하려면 '4. 미션'(61페이지)로 가십시오.

비전은 평가할 수 있어야 한다

"득점을 기록하지 않는 농구 게임을 보고 싶은가? 점수를 기록하지 않는 골프 경기를 보고 싶은가? 그런 경기는 볼 필요도 없을 뿐더러 재미있지도 않다."

— 제리 헤니Jerry Haney, 『메이킹 컬처 페이Making Culture Pay』

유잉 코프먼이 창립한 전설적인 기업 매리언 랩(캔자스시티 소재)의 비전은 '세계에서 가장 생산성 높은 제약 회사'가 되는 것이다. 그러한 비전을 실현하기 위해 '생산성'의 평가 기준을 부서별 판매와 이익으로 삼았다. 매리언 랩의 경쟁사들은 모두 공개 기업이기 때문에 매출, 이익, 직원 수 등이 공개되어 있어서 생산성 비교가 용이했던 것이다. 따라서 생산성은 매우 효과적인 평가 기준이었다. 물론 매리인 랩은 세계에서 생산성이 가장 높은 회사가 되었다. 매리언 랩에서 임원으로 재직했던 제리 헤니는 이렇게 말했다.

"우리는 또 다시 무모할 정도로 높은 목표를 설정했습니다."

그들은 5년 동안 매해 50%씩 수익을 높이고 싶어 했는데, 이 또한 실제로 달성했다.

'평가 가능'하다는 것은 당신의 비전이 현실적이고, 수치화 되어야 한다는 것을 의미한다. 그래야만 달성을 했는지, 진전 이 있었는지를 확인할 수 있다. 수치화 된 비전의 예는 다음과 같다.

- 총매출
- 매출 증가율
- 수익
- 수익 증가율
- 직원 1인당 수익 또는 이익
- 고객 만족도

또한 비전은 달성 가능해야 한다. 최선을 다하고, 효과적으로 일하면 달성할 수 있는 것이어야 한다. 비전을 달성하는 것이 힘든 도전이긴 하지만, 그렇다고 성취 불가능한 것을 비전으로 삼아서는 안 된다.

효과적인 비전 선언문이 되기 위한 세 가지 요소

"복잡한 세계를 기본적인 원리 혹은 개념, 하나의 정돈된 아이디어로 단순화한 것이 비전이다."

– 짐 콜린스Jim Collins,
『좋은 기업을 넘어 위대한 기업으로Good to Great』의 저자

앞에서 소개했던 경매 회사 윌슨 옥셔니어의 비전은 '아칸소 주 최고의 부동산 경매 회사'가 되는 것이다. 이는 아래 세 가지 조건을 모두 충족시키므로 매우 뛰어난 비전이라고 할 수 있다.

1. 가장 잘 하는 것
2. 열정을 가지는 것
3. 수익을 가져다주는 것

경영컨설턴트이자 베스트셀러 작가로 유명한 짐 콜린스는 자신의 책『좋은 기업을 넘어 위대한 기업으로』에서 다음 세 가지 요소를 바탕으로 인생을 설계하라고 강조한다.

- 타고 난 재능, 신이 주신 재능을 활용하라. 그 재능으로 세계 최고가 될 수도 있다.
- 열정을 가지고 있는, 그리고 진정으로 좋아하는 일을 하라.
- 하는 일에 대해 금전적으로 보상을 받아라.

이러한 세 가지 기준이 조화를 이루게 되면 성공을 이룰 수 있다. 짐 콜린스는 이러한 세 가지 기준에 대해 자문해 봄으로써 위대한 기업이 될 수 있다고 강조한다. 짐 콜린스에게 지역에만 기반을 둔 기업이 위대한 기업이 될 수 있느냐고 물었을 때, 그의 대답은 "물론 그렇다."였다. 다시 말해 '캔자스시티 남동부 최고의 세탁소'라는 비전은 더없이 훌륭한 비전이다.

그런데 '최고'를 어떻게 평가할 것인가? 또 최고가 되었는지는 어떻게 알 것인가? 이에 대한 답은 매출, 수익, 고객 만족도, 시장 점유율 혹은 자신이 정한 평가 방법을 통해서 알 수 있다.

인간을 달에 보내다

1960년대 초반에 어린 시절을 보낸 나는 케네디 대통령이 감동적인 비전으로 미국인들에게 도전의식을 심어 준 장면을 또렷이 기억하고 있다.

"우리는 10년 후에 인간을 달에 보낼 것이며, 또 무사히 지구로 귀환시킬 것입니다. 이 일은 쉽지 않습니다. 하지만 어려운 일이기 때문에 우리는 해내고 말 것입니다."

나는 그의 연설에 큰 감동을 받았고, 우주 개발 계획에 관심을 갖게 되었다. 그때부터 우주선 발사를 빼놓지 않고 지켜보았는데, 드디어 약속한 10년이 되기 전인 1969년에 닐 암스트롱

이 달 위를 걷는 모습을 텔레비전을 통해서 보게 되었다.

비전은 방향을 제시한다. 비전은 배의 방향타가 되어 앞으로 나아갈 방향을 알려 준다. 미국의 발명가 토마스 에디슨은 "천재는 1%의 영감과 99%의 땀으로 만들어진다."라고 말했다. 에디슨의 말처럼 비전은 땀을 흘리기 전에, 일을 시작하기 전에, 결과를 내기 전에 선행되어야 하는 1%의 영감이다.

그들은 당신이 미쳤다고 생각할지도 모른다

"나에게 가장 중요한 임무는 재능 있는 사람들을 잘 조율해서 내가 가리키는 방향으로 가도록 만드는 것이다."

– 월트 디즈니

월트 디즈니는 토요일 아침을 항상 가족과 함께 보냈다. 어느 토요일, 그는 두 딸이 목마에 앉아서 노는 모습을 보다가 순간적으로 하나의 비전이 떠올랐다고 한다. 가족이 함께 즐길 수 있는 공원을 상상한 것이다. 그냥 공원이 아니라 18에이커의 땅 위에 세워진 1,700만 달러짜리 공원을 떠올린 것이다. 그가 자신의 아이디어를 사람들에게 말했을 때, 그들은 디즈니가 제정신이 아니라고 생각했다. 하지만 디즈니는 자신의 상상을 현실로 만들기 위해 1950년부터 팜스프링스에 있는 자기 집을 팔고, 생명보험을 담보로 10만 달러를 대출 받아 자금을 마련하기 시작했다. 훗날 디즈니는 이렇게 말했다.

"내가 돈을 보는 관점은 한 가지다. 돈은 무엇인가를 하기 위해 필요한 자원일 뿐이라는 것이다. 나는 버는 돈의 전부를 다시 회사에 재투자한다. 지금 당장 돈 쓸 일이 없다면, 돈으로 즐거운 일을 할 게 없다면, 단 한 푼도 필요하지 않다는 게 내 생각이다."

디즈니랜드는 1955년 7월 18일에 문을 열었다. 그때부터 지금까지 6억 이상의 사람들이 디즈니랜드를 찾았고, 그중에는 미국 대통령과 세계 각국의 왕족, 정치 지도자들도 있었다. 월트 디즈니의 비전이 현실로 이루어진 것이다.

당신이 아이디어를 말했을 때, 많은 사람들이 미친 짓이라고 생각할 것이다. 하지만 당신의 팀이, 당신의 조직이 당신의 비전에 공감하고 헌신한다면, 타인들의 부정적인 의견은 '불가능한 일'을 가능하게 만드는 동기를 부여할 뿐이다.

4

THE 1 HOUR PLAN

미션

: 고객의 삶에 어떤 기여를 하는가? _ (사용 시간 : 6분)

"길고 자연스럽지 못한 문장으로 만들어진 미션은 생각을 명확하게 하지 못하는 경영진의 무능력을 보여줄 뿐이다. 탁월한 기업의 미션은 놀라울 정도로 단순하다."
— 스코트 아담스Scott Adams, 『딜버트의 법칙The Dilbert Principle』의 저자

"개인의 삶과 사회를 변화시키는 것이 미션이다. 미션은 조직이 하고 싶어 하는 것을 보여주는 존재의 이유다."
— 피터 드러커, 현대 경영학의 아버지

미션은 조직의 존재 이유를 명확하고 설득력 있게 표현해야 한다. 또한 좋은 미션은 당신의 조직이 고객의 삶에 기여할 수

있는 특별한 점은 무엇인지, 제공할 수 있는 최고의 편익이 무엇인지를 분명하게 밝혀야 한다.

미션에 충실했던 헨리 포드

1903년에 헨리 포드가 설립한 '포드 모터 컴퍼니'의 1907년 시장 점유율은 15%였으며, 그 당시 미국에는 30여 개의 자동차 회사가 치열한 경쟁을 벌이고 있었다. 그때 포드가 내세운 미션은 다음과 같다.

"우리는 대중을 위한 자동차를 만들 것이다. 월급 생활자라면 누구나 살 수 있는 저렴한 자동차를 생산해서, 그들이 가족과 함께 신이 주신 이 땅에서 즐거운 시간을 보낼 수 있게 할 것이다. 모두가 자동차를 살 수 있게 될 것이고, 모두가 자동차를 갖게 될 것이다."

고객 중심의 미션은 포드 자동차 디자인팀의 창의력을 자극했고, 그로부터 20년이 지나지 않아 자동차 시장의 리더가 되었다. 물론 포드 자동차가 거대 기업이 되기까지는 수많은 도전을 이겨내야 했다.

헨리 포드는 1914년 1월 5일에 혁신적인 보상 체계를 발표했다. 기존의 하루 9시간 근무에 2.38달러를 지급하던 것을 8시간 근무에 5달러를 지급하는 동시에 수익을 분배하기로 결정한 것이다. 이러한 변화가 조직에 자리 잡자 1914년에 3천만 달러이던 수익이 1916년에는 6천만 달러로 증가했다. 2년 사이에 무려 두 배로 늘어난 것이다.

또한 조립 라인을 도입해 생산성을 높임으로써 모델 T의 가격을 획기적으로 낮추었다. 1908년에 825달러였던 모델 T의 가격이 1913년에는 99달러까지 내려갔다. 헨리 포드의 미션은 현실이 되었고, 사람들은 가족과 함께 '신이 창조한 위대한 이 땅에서 행복한 시간'을 즐길 수 있게 된 것이다. 이러한 결과는 헨리 포드가 내세웠던 '고객 중심'의 미션 덕분이었다.

왜 미션 선언문이 필요한가?

미션 선언문은 조직의 존재 이유로서, 다음과 같은 역할을 한다.

- 직원들과 고객에게 조직의 존재 이유를 설명한다.
- 조직에 중요한 가치가 무엇인지, 어떤 가치를 고객에게 제공해야 하는지 명확하게 설명함으로써 직원들에게 동기를 부여한다.
- 직원들이 사업의 목적을 달성하기 위해 가장 중요한 일에 집중하게 한다.

실제 기업에서는 어떤 미션을 가지고 있는지 소개한다.

'세상의 정보를 정리하여 전 세계 누구나 유용하게 활용할 수 있도록 돕는다.' – 구글

'이동성이 제한된 사람들에게 자유와 독립성을 제공한다.' – 더 스쿠터 스토어The Scooter Store

'평생을 함께 할 추억을 만든다.' – 크루즈 홀리데이즈 오브 캔자스시티Cruise Holidays of Kansas City

'고객에게 영양과 즐거움을 제공한다.' – 다아덴 레스토랑 그룹 Darden Restaurant Group

'더 나은 삶을 위한 더 나은 비전' – HBR 옵토메트리스트HBR Optometrists

'우리의 고객이 더 많은 고객을 찾을 수 있도록 돕는다.' – Z3 그래픽스

'집을 떠난 사람들에게 친구들과 함께 있는 것 같은 편안함을 제공한다.' – 메리어트 호텔

[연습 1-2] 고객 중심의 미션 선언문 작성하기

먼저 고객에게 제공하고 싶은 가치가 무엇인지를 생각하라. 그리고 '고객이
~할 수 있도록 도와준다.'라는 문장의 빈 칸을 채워 미션 선언문을 작성한다.
예를 들어, 투자 회사의 경우에는 '고객이 현명한 조언을 통해서 부를 창출할
수 있도록 돕는다.'라는 미션을 만들 수 있다. [표 4-1]에 예시한 미션 선언문
을 참고하면 많은 도움을 받을 수 있을 것이다.

[표 4-1] 업종에 따른 기업별 미션 예시

자동차 대리점	고객이 원하는 차를 갖도록 돕는다.
건강 제품	고객이 건강한 삶을 살도록 돕는다.
택배사	고객이 빠르고 안전하게 상품을 받을 수 있도록 돕는다.
보험사	고객이 보험을 통해 재정 위기에 대처할 수 있도록 돕는다.
레코드 숍	고객이 음악에 대한 열정을 더욱 불태울 수 있도록 돕는다.
렌터카 대리점	안전한 차량을 제공하여 고객이 스트레스 없는 여행을 즐길 수 있도록 돕는다.
전력 공급 회사	안전한 에너지를 공급하여 고객이 삶의 질을 높일 수 있도록 돕는다.
여행사	고객이 새로운 여행지에서 평생에 남을 추억을 만들 수 있도록 돕는다.
소매점	고객이 즐거운 쇼핑을 경험하고, 구매한 상품에 만족하도록 돕는다.

당신의 미션 선언문을 빈칸에 적은 후 기획서에 옮겨 적는다.

_____

_____

_____

➡ **저자의 제안** _ 축하합니다! 여기까지 '1시간 기획서'의 20%를 해 냈습니다. 미션에 대해서 더 알고 싶으면 계속 읽고, 지름길을 택 하려면 '5. 가치'(76페이지)로 가십시오.

당신의 미션은 티셔츠에 인쇄할 만한가?

현대 경영학의 아버지라 불리는 피터 드러커는 어느 병원에서 주최한 회의에 참석했던 사례를 통해 미션의 중요성을 강조하였다.

그들은 응급실에 "우리의 미션은 건강을 보살피는 것이다." 라고 붙여 놓았다. 물론 짧아서 좋긴 하지만 명확하거나 공감을 불러일으키는 미션은 아니었다.

이런저런 논의가 이루어지는 가운데 행정팀의 누군가가 응급실은 건강을 보살피는 곳이 아니라, 긴급한 환자의 질병이나 부상을 보살피는 곳이라는 의견을 내놓았다. 회의에 참석한 사람들은 그의 말에 공감했다. 응급실에서 환자의 건강을 바로 되찾게 할 수는 없더라도, 신속한 응급 처치를 통해 공포에 떠는 환자와 보호자를 안심시킬 수 있기 때문이다.

좀 더 긴 논의의 끝에 우리는 "고통 받는 사람들을 안심시킨다."는 새로운 미션 선언문을 작성했다. 이 새로운 미션 선언문이 발표된 후 응급실에 새로운 환자가 들어오면 의사와 간호사가 1분 이내에 환자의 상태를 확인하는 것을 제 1순위에 두고 있다.

피터 드러커는 당신의 미션 선언문이 티셔츠에 인쇄할 만한 문구인지 체크해 보라고 권한다. 충분히 짧은가? 조직의 존재이유를 잘 설명하는가? 공감을 이끌어내는가?

만약 미션 선언문이 전화번호를 외듯 당신 기억에 무의식적으로 각인되지 않았다면, 더 적합한 미션 선언문을 찾아야 한다.

고객을 우선으로 여기는 미션

미국의 작가이자 광고 카피라이터로 활동하고 있는 제프리 에이브람스Jeffrey Abrahams는 자신의 저서 『미션 선언문 모음집 Mission Statement Book』에서 인류의 첫 미션은 창세기에 기록된 '생육하고 번성하라!' 일 것이라고 말했다. 우리에게 잘 알려진 미국의 대표적인 TV SF 드라마 시리즈 「스타트렉StarTrek」의 미션을 적는다면, 이렇게 정리되지 않을까?

'우주는 인류의 마지막 프론티어다. 스타쉽 엔터프라이즈의 우주여행이 시작되었다. 우리의 미션은 5년 동안의 우주여행을 통해 신세계를 탐험하며, 새로운 생물체와 문명을 찾고, 아무도 가보지 않은 미지의 세계를 향해 용감하게 나아가는 것이다.'

모든 조직에는 미션 선언문이 있다. 그것을 크게 제작해서 벽에 붙여 놓기도 하고, 미션 선언문을 적어 놓지는 않지만 직원들의 머릿속에 구호나 이미지로 자리 잡기도 한다.

미션 선언문은 그 일을 왜 해야 하는지 설명해 주는 이유인 동시에 동기를 부여해 주는 도구이다. 사람에게 가장 순수한 동기는 다른 사람을 돕는 것이다. 그리고 다른 사람을 돕는 것은 바로 자신을 돕는 것으로 보상을 받는다.

나는 1천여 명 이상의 사람들에게 자신이 근무하는 회사의 존재 이유에 대해서 물어본 적이 있는데, 그들에게서 가장 많이 들었던 대답은 '돈을 버는 것'이었다. 이 대답에 놀라는 독자는 아마 없을 것이다. 그들 중에는 조직의 오너에게 돈을 벌어 주는 것이라고 말하는 사람도 있었다. 하지만 이제는 점점 더 많은 사람들이 조직에서 추구해야 할 미션은 '고객을 돕는 것'이라는 점을 이해하기 시작했다. 고객을 우선으로 여기는 미션은 조직과 구성원들이 지속 가능한 성장으로 나아가는 지름길이 되어 준다.

평생 간직할 추억을 만든다

마크와 미미 컴포트Mark & Mimi Comfort는 20년 전에 크루즈 홀리데이를 인수한 직후 '평생 간직할 추억을 만든다.'라는 멋진 미션을 경영진과 함께 만들었다. '평생을 간직할 수 있는 추억을 만드는 일'이 바로 그들이 추구하는 미션이다. 크루즈 홀리데이의 고객들은 유럽, 아마존, 극동 지역, 지중해, 알래스카, 카리브 해 등 다양한 곳을 여행하지만 모두가 평생 간직할 추억을 갖게 된다는 공통점이 있다.

피터 드러커는 자신의 저서 『미래경영The Essential Drucker』에서 실패하는 사업과 성공하는 사업의 차이를 이렇게 설명했다.

"사업이 실패하는 이유는 사업의 목적과 미션에 대해 깊이 생각하지 않았기 때문이다. 반대로 성공하는 사업은 항상 '우리의 사업은 무엇인가?'라는 자문을 하고, 이 질문에 대해 깊게 생각해 봄으로써 그 답을 찾았기 때문이다."

자신의 믿음을 사업과 일체화하다

미국의 경제지 「포춘Fortune」에 의해 500대 기업으로 선정된 서비스매스터ServiceMaster는 '기독교적 가치'를 추구하는 기업이 되기 위해 항상 노력하고 있다. 테네시 주 멤피스에 본사를 두고 있는 서비스매스터는 현재 5,500개의 직영점과 가맹점에 32,000여 명의 직원이 근무하고 있다. 마이너리그 야구선수, 생명보험 영업사원, 방문 판매사원 등 다양한 직업을 경험한 매리언 웨이드Marion E. Wade는 1929년에 방충 전문 회사를 설립했고, 1942년에는 주택과 빌딩의 카펫을 청소하는 회사와 합병했다.

하지만 2년 후 그는 인생의 큰 전환점을 경험하게 된다. 방충 작업에 사용하는 화학 약품이 폭발하여 심한 화상과 함께 시력을 거의 잃을 뻔한 큰 사고를 당했던 것이다. 그런데 매리언 웨이드는 치료를 받는 시기에 강력한 영적 경험을 하게 되었다고 한다. 1947년에 매리언 웨이드는 캔 핸슨Ken Hansen과 사업을 합병하였고, 1958년에는 회사 이름을 현재의 '서비스매스터'로 바꾸었다. 훗날 매리언 웨이드는 자신의 책 『나의 조력자이신 주님The Lord is my Counsel』에서 이렇게 말했다.

"우리가 선택한 회사 이름은 '주님을 섬기는 우리 조직의 정체성'을 완벽하게 설명해 주는 것이다."

매리언 웨이드는 자신의 믿음과 사업을 하나로 결합하였고, 하나님의 모습으로 만들어진 직원과 고객 한 사람 한 사람을 존중하고 섬겼다. 그의 후임자인 캔 핸슨과 캔 웨스너 역시 자신들의 믿음에 헌신적인 사람들이었다. 믿음이 강한 세 명의 리더가 서비스매스터의 기업 철학을 만들었던 것이다.

- 우리는 하나님을 섬기기 위해서 일한다.
- 다른 사람이 성장하도록 돕는다.
- 탁월함을 추구한다.
- 수익을 창출하여 지속적으로 성장한다.

서비스매스터는 직원들의 잠재력을 개발하는 것이 고객에 대한 서비스의 질을 높이는 길이라고 믿었다. 이러한 이유로 높은 수준의 직원 교육이 서비스매스터의 기본적인 성장 전략이 되었다. 미국의 첫 프랜차이즈 사업체로 시작한 서비스매스터는 오늘날 트루그린TruGreen, 캠론ChemLawn, 터미닉스Terminix, 아메리칸 홈 쉴드American Home Shield, 퍼니처 메딕Furniture Medic, 아메리스팩AmeriSpec, 서비스매스터 클린Service Master Clean, 인스타 서비스 그룹InStar Service Group, 메리 메이즈Merry Maids 등의 프랜차이즈 브랜드를 보유한 거대 기업이 되었다.

1980년대에 서비스매스터의 눈부신 성장을 이끌었던 윌리엄 폴라드Willliam Pollard는 『기업의 영혼The Soul of the Firm』이라는 책에서 서비스매스터의 기업 철학과 성공에 대해 구체적으로 언급했는데, 여기에 그 내용을 정리해서 소개한다.

하나님 섬기기
- 옳은 일을 한다.
- 서로의 존엄과 가치를 인정한다
- 각자의 영성을 존중한다.
- 우리가 사는 세상을 보존하고 유지한다.

탁월한 고객 서비스
- 받고 싶은 만큼 배푼다.
- 고객의 삶을 편하게 만든다.
- 우리가 하는 일에 자부심을 갖는다.

서로의 성장 돕기

- 동료가 최선을 다할 수 있도록 돕는다.
- 자부심과 활력이 넘치는 조직을 만든다.
- 동료가 목표를 달성할 수 있도록 돕는다.

지속적으로 수익 창출하기

- 투자자들의 자본을 보호한다.
- 지속적으로 개선하고 쇄신한다.
- 약속을 지킨다.

조직의 미션과 가치, 철학과 믿음이 살아 숨 쉬도록 하기 위한 가장 기본적인 원칙은 '말한 대로 행동하는 것', '믿음을 가지고 살아가는 것'이다. 그렇지 않으면 위선이 될 것이다.

체크데이트 솔루션 : 가장 열망하는 것을 미션으로 정한다

드루와 새라 히스Drew & Sarah Hiss 부부는 1994년에 자기 집 지하실에서 급여 아웃소싱 회사인 '페이데이터Paydata'를 창업했다. 그로부터 12년 후인 2006년에는 55명의 직원을 둔 기업으로 성장했고, 페이코어Paycor 사와 합병하여 미국에서 네 번째로 큰 급여 아웃소싱 회사가 되었다. 드루와 새라 부부가 사업을 시작한 이유는 일반 기업체에서 정규직으로 일하지 않으면서도 경제적으로 독립할 수 있는 방법을 찾기 위해서였다. 특히 드루는 자신의 창의력을 활용하면서 사업을 성장시킬 수 있는 자유로움을 누리고 싶었다.

드루는 급여 아웃소싱 사업을 시작하기 전에 다단계 네트워크 마케팅 조직을 운영한 적이 있고, 그 외에 여러 조직에서 일해 본 경험이 있었다. 그는 직장 생활의 경험은 사업을 할 때 해야 할 것과 하지 말아야 할 것을 배운 귀중한 시간이었다고 말한다. 그들은 얼마간의 현금과 중소기업 대출, 친인척의 재정적인 도움을 얻어 사업을 시작했다. 하지만 이미 자리를 잡은 ADP와 페이첵스Paychex 같은 유명 회사들과의 경쟁은 쉽지 않았고, 여러 번의 경영 위기를 넘기기도 했다. 드루는 10여 년의 힘겨운 시간을 보내면서 중소기업을 대상으로 하는 틈새시장을 개발하기 시작했다. 중소기업 고객들은 페이데이터의 유연한 기술력과 고객의 요구에 신속하게 대응하는 서비스 능력을 높게 평가했다.

2004년, 드루는 조직에 새로운 바람과 에너지를 불어넣을 필요가 있다고 생각했다. 그래서 경영진과 직원들이 적극적으로 참여하여 사업을 성장시킬 기획을 시작했다. 그렇게 해서 사업의 목적과 그것을 달성하기 위한 목표를 정하여 실행에 옮겼으며, 목표를 달성했을 때는 성과를 축하했다.

또한 새로운 기술을 도입하였고, 사무실을 이전하는 등 경쟁사들과 차별화하기 위해 리브랜딩 작업을 실시했다. 회사 이름도 '페이데이터'에서 '체크데이트 솔루션'으로 변경하는 등 열정적이고 에너지 넘치는 조직으로 변신하는 데 성공했다. 그 결과 서비스의 질도 개선되었고, 고객의 충성도 역시 지속적으로 높아지고 있다. 덕분에 그가 이끄는 조직은 성장을 거듭하고 있다.

드루는 조직의 비전, 미션, 가치를 재정비하는 과정에서 조직이 '방관자(야영자)' 상태에서 벗어나 성장의 길로 다시 접어드는 계기가 되었다고 말한다. 물론 그 전에도 드루와 새라는 자신들의 가치에 따라 조직을 경영했지만, 문장으로 정리된 가치는 없었다. 오직 열심히 일하면서 삶을 즐기고, 올바른 길을 가야 한다고 여기며 조직을 경영했는데, 새로운 기획 과정을 통해 정직, 정도, 겸손, 존중과 같은 새로운 가치를 찾아냈던 것이다. 그 결과 두 사람은 더 높아진 가치 기준을 몸소 실천했고, 관리자들과 직원들도 새로운 가치와 행동 수칙을 따르는 데 열정적이었다.

드루와 새라는 비전과 미션, 가치와 행동 수칙이 회사 출입구에 의미 없이 적혀 있는 구호가 아니라 조직 내에서 살아 숨 쉬며 움직이는 존재가 되도록 최선을 다했다. 그들의 미션은 '고객이 시간을 절약하고, 스트레스를 줄이고, 결재 과정을 즐기도록 돕자!'는 것이었다. 그 결과 체크데이트 솔루션은 1997년부터 2006년까지 9년 연속으로 가장 빠른 속도로 성장하는 100대 기업에 선정되었다.

조직의 비전과 미션, 가치를 정할 때는 자신이 가장 열망하는 것을 반드시 포함시켜야 한다. 그래야만 벤앤제리Ben and Jerry's 와 서비스매스터처럼 자신의 말을 행동으로 옮길 수 있고, 그 결과 고객으로부터 신뢰를 얻어 놀라운 성과를 거두는 조직이 될 수 있다.

5

가치

: 모두 즐겁게 일하려면 어떤 행동 수칙이 필요한가? _ (사용 시간 : 6분)

"나는 누구인가? 내가 추구하는 가치는 무엇인가? 내가 지지하는 것은 무엇인가? 가치는 나를 잡아 주는 닻이며, 길을 알려 주는 북극성이다. 가치는 책에서 찾을 수 없으며, 사람들의 영혼에서 찾을 수 있다."

– 앤 멀카히Anne Mulcahy, 제록스 회장

가치는 조직에서 서로를 대하는 태도와 행동 수칙을 제시하며, 조직 구성원 모두가 함께 즐겁게 일할 수 있는 환경을 만든다. 가치는 동료를 대하는 태도에 대한 약속이기 때문이다. 조직의 리더가 직접 실천하는 가치는 조직을 키우고, 조직의 문화를 발전시키는데 가장 중요한 역할을 한다.

가치는 놀라운 성과를 만들어낸다

샌더스틴 골프&비치 리조트Sandestin Golf & Beach Resort의 총괄 본부장인 마이크 스탠지Mike Stange는 1,400여 명의 직원을 의기투합하도록 만드는 어려운 과제를 맡았다. 그는 이 과제를 해결하기 위해 우선 경영진과 미팅을 하고, 그 다음에 매니저들을, 마지막으로 직원들을 각 700명씩 두 그룹으로 나누어 기획 회의에 참여시켰다. 이러한 노력의 결과는 명확한 비전과 사명, 가치의 탄생으로 이어졌다. (표 [5-1]을 참조)

[표 5-1] **샌더스틴Sandestin의 사업 성장 기획**

비전	미국 남동부 최고의 리조트가 된다.
미션	고객과 동료에게 영원히 잊을 수 없는 추억을 만든다.
가치	정직, 탁월, 책임, 존중을 바탕으로 헌신적으로 일한다.

마이크 스탠지와 직원들은 회사의 비전, 미션, 가치를 지갑 크기의 카드에 인쇄해서 새로운 직원을 고용하거나 기존 직원들을 위한 교육 시간에 활용하고 있다. 이런 방법으로 직원들이

사업의 목적을 공유했을 때 얼마나 큰 힘을 발휘할 수 있는지에 대해 마이크 스탠지는 이렇게 설명했다.

"2004년과 2005년에 우리 지역에 강력한 허리케인이 여러 차례 발생했었죠. 그때 우리는 더욱더 하나로 뭉쳐 사업을 유지하고 성장시킬 수 있었습니다. 어려울 때일수록 모두가 공유하는 비전과 미션, 가치는 큰 힘이 되더군요."

샌더스틴은 어려운 시기에도 신뢰와 성과 중심의 기업 문화를 유지하였을 뿐만 아니라, 목표한 수익을 달성했다. 샌더스틴의 사례를 통해서 명확한 가치, 미션, 비전이 회사의 성장에 어떤 역할을 하는지 잘 알 수 있다.

왜 '가치'를 규정하는가?

가치는 조직의 문화를 만들며, 다음과 같은 역할을 한다.

- 직원들이 함께 즐겁게 일할 수 있는 행동 수칙이 된다.
- 인간관계에서 발생하는 문제를 예방하고 해결하는 지침이 된다.
- 높은 신뢰와 성과를 바탕으로 한 조직 문화를 만드는 기반이 된다.
- 조직 내부와 외부의 관계를 공고히 하는 기반이 된다.

그렇다면, 가치를 어떻게 표현할 것인가?

가치를 명확하고 효과적으로 표현한 몇몇 사례를 소개한다.

크루즈십센터 인터내셔널CruiseShipCenters International

- 정도 : 원원하는 관계를 만들기 위해 개방적이고 정직한 태도를 갖는다.
- 존중 : 자신이 존중 받고 싶은 만큼 상대를 존중한다.
- 팀워크 : 개인의 역량을 최대한 발휘할 수 있는 환경을 제공한다.
- 헌신 : 성과를 인정하고, 보상한다.
- 재미 : 하는 일을 좋아하고, 좋아하는 일을 한다.

Z3 그래픽스

- 정직하고 정중하게 행동한다.
- 긍정적인 태도를 갖는다.
- 서로 공정하게 대한다.

J. 슈미트J. Schmid

몰입하라. 친절하라. 재미를 느껴라. 공정하라.

사우스웨스트 에어라인Southwest Airlines

우리는 동등한 교육과 개인의 발전 기회를 제공하고, 안정적으로 일할 수 있는 환경을 조성한다. 회사는 회사의 발전을 위해 직원들의 창의력과 혁신 능력을 장려하며, 고객을 대할 때처럼 존중과 관심, 배려하는 마음으로 직원들을 대한다.

리얼 미디어 Real Media

창의적이고 헌신적인 팀, 진실한 서비스, 열정, 존중

허니웰Honeywell

- 진정성과 높은 윤리 기준
- 상호 존중과 신뢰
- 혁신과 도전에 대한 격려
- 팀워크와 헌신
- 지속적인 교육과 자기개발
- 사람, 문화, 사고의 다양성
- 결과를 중시하는 실적주의

[연습 1-3] 가치를 적어라

다음 리스트 중 중요하게 생각하는 직원들 간의 태도를 체크한다. 그 가운데 중요도 순으로 기획서에 옮겨 적는다.

[표 5-2] 가치에 대한 정의의 예

✓	가 치
	책임 – 자신의 행동에 따른 결과를 책임진다.
	헌신 – 업무의 수준과 성과에 대한 높은 기준을 유지한다.
	공감 – 타인의 어려움을 공유하고, 이를 해결하려는 강한 의지를 갖는다.
	창조 – 독창적으로 사고하고, 새로운 것을 창조한다.
	규율 – 지시 사항을 잘 이해하고, 규칙과 가이드라인에 맞춰 행동 양식을 바꾼다.
	권한 이양 – 합의한 결과를 도출하기 위해 자발적으로 행동하고, 필요한 경우 역할과 권한을 타인에게 이양한다.
	최선 – 조직의 성공을 위해 최선의 노력을 다한다.
	공정 – 편견이나 아집 없이 상대의 관점을 이해한다.
	친절 – 우호적이고 친절하며, 협조적인 태도를 갖는다.
	재미 – 즐겁고 유쾌한 직장 환경을 만든다.
	관용 – 자신의 시간, 재능, 자원을 대가 없이 나눈다.
	상호성 – 받고 싶은 만큼 베푼다.
	감사 – 감사나 칭찬은 표현한다.

✓	**정직** – 진실만을 말하고, 어떤 상황에서든 솔직하고 진지한 태도를 갖는다.
	겸손 – 자신의 지위나 권한에 대해 겸손한 태도를 갖는다.
	정도 – 윤리와 규범을 지키며, 말한 것은 실행에 옮긴다.
	균형 – 회사 업무와 개인 생활 모두에 충실한다.
	신의 – 어려운 때일수록 약속과 의무를 지켜 신뢰를 배반하지 않는다.
	열정 – 자신이 하는 일을 사랑하고, 열의를 갖고 일한다.
	긍정적 태도 – 타인이나 환경에 대해 희망적이고 건설적인 생각과 태도를 견지한다.
	존중 – 타인의 가치와 장점, 능력을 존중한다.
	봉사 – 타인의 필요와 기대를 충족시키고, 그들의 요구에는 융통성과 책임감 있게 대처한다.
	팀워크 – 함께 발전한다는 마음 자세로 문제를 해결하여 공동의 목표를 달성한다.

➡ **저자의 제안** _ 축하합니다! 여기까지 '1시간 기획서'의 30%를 해 냈습니다. 조직의 가치에 대해 더 알고 싶으면 계속 읽고, 지름길 을 택하려면 '6. 목표'(107페이지)로 가십시오.

가치는 이야기를 통해 현실화한다

리더는 선생님과 같다. 훌륭한 선생님은 이야기를 통해서 교훈을 가르쳐 주고, 좋은 이야기꾼들은 테레사 수녀에서부터 에이브라함 링컨, 간디, 옆집 아저씨까지 다양한 사람들의 예를 통해서 문화적인 가치를 강조한다. 따라서 리더로서 조직의 가치를 강화하려면, 일과 삶에서 모범이 될 만한 사례를 찾아내서 그들의 이야기를 들려주어야 한다.

나 역시 조직의 다양한 이야기를 통해서 '가치'에 대해 설명하려고 한다. 가치는 긍정적이든 부정적이든 이야기를 통해서 살아난다는 사실을 알게 될 것이다.

책임의 가치 : '아이 캔'에 1달러 넣기

젊었을 때 판매직 사원으로 일한 적이 있었다. 사장은 매우 특이한 방법으로 직원들에게 책임감을 심어 주었는데, 사장 자신을 비롯해서 직원들이 행동 수칙을 어기면 '아이 캔I CAN'에 1 달러를 넣어야 했다. 사장의 철학은 단순했다.

"나도 할 수 있고, 너도 할 수 있고, 누구나 할 수 있다. 단 변명만 하지 않는다면."

사장은 변명을 용서하지 않았다. 30여 년이 지난 지금까지도 그의 목소리가 또렷하게 들리는 것 같다.

"변명은 실패를 미화할 뿐이다. 변명을 없애면 실패도 없앨 수 있다."

예를 들어, 미팅에 늦으면 아이 캔에 1달러를 넣어야 한다. 그런데 늦은 이유에 대해 설명하면 1달러를 더 넣어야 했다. 나는 그곳에서 근무하는 동안, 아이 캔에 1달러를 자주 넣어야 했지만 책임감이 무엇인지를 확실하게 알 수 있었다. 동료들에게 폐를 끼친 대가로 넣었던 1달러가 긍정의 자세, 팀워크, 상호 존중, 성과에 대한 열망을 깨닫게 해 준 것이다.

헌신의 가치 : 한순간에 무너진 도요타의 명성

'명성'이라는 것이 얼마나 무너지기 쉬운 것인지를 보여주는 좋은 사례가 있다. 지난 수십 년 동안 도요타는 자동차 전문가들과 소비자들로부터 칭송을 받아 왔지만, 하루아침에 비난의 대상이 되는 처지에 놓이고 말았다.

도요타는 2010년에 부품 결함으로 인해 대량 리콜 조치를 단행했지만, 언론으로부터 조치가 너무 늦었다는 비판을 받음으로써 그동안 쌓아 온 명성에 큰 타격을 입었다. 그 결과 소비자들도 도요타의 품질 관리에 의문을 갖기 시작했다. 도요타가 예전의 명성을 되찾을 수 있을지는 아직 확실하지 않다. 하지만 한 가지 분명한 사실은 도요타의 리콜 사태가 수십 년 동안 힘들게 쌓아올린 그들의 명성을 한순간에 무너뜨렸다는 사실이다.

기업이 명성을 얻으려면 품질 관리에 매우 엄격한 기준을 적용해야 하고, 자만에 대한 경계를 늦추어서도 안 된다. 또한 고객과의 약속도 반드시 지켜져야 하며, 한 번의 이벤트로 끝나서도 안 된다.

공감의 가치 : 실버 달러 시티에서 어떤 일이 있었나

테마파크 실버 달러 시티, 화이트워터 브랜슨 등을 운영하는 허션드 패밀리 엔터테인먼트Herschend Family Entertainment의 CEO 조엘 맨비Joel Manby는 TV 프로그램 「언더커버 보스Undercover Boss」*에 출연해서 회사와 직원들에 대해 많은 것을 배웠다고 한다.

---

* 경영자가 자기 회사에 사원으로 위장 취업하여 진행되는 몰래 카메라 형식의 리얼리티 프로그램이다.

조엘 맨비가 배운 것은 진정한 삶의 모습이었다. 그는 탁아소에 아이를 맡기고 열심히 일하는 싱글맘, 화재로 집을 잃은 직원, 한때 노숙자로 방황했던 여직원 등을 만났고, 그들의 어려움을 직접 눈으로 확인하면서 그들의 처지를 공감하게 되었다. 실버 달러 시티를 위해 일하고 있는 직원들을 진정으로 도와주고 싶은 마음이 생긴 것이다. 그는 「언더커버 보스」에 출연한 것을 계기로 직원들에게 다양한 혜택을 주기로 결정했다. 자신이 사랑하는 직원들의 고통을 진심으로 덜어 주고 싶었던 것이다. 그의 이런 마음은 직원들과 함께 근무하면서 그들의 처지를 경험하지 않았다면 결코 생기지 않았을 것이다.

당신의 관심과 공감을 필요로 하는 사람이 있는지 알기 위해 주위를 살펴본 적이 있는가?

창조의 가치 : 주위 사람들의 재능을 키워 주자!

조엘 맨비는 「언더커버 보스」 촬영 중에 야심찬 젊은 직원을 만나기도 했다. 그 청년은 조엘 맨비에게 실버 달러 시티의 CEO가 되는 것이 꿈이라고 말했다. 물론 자기 앞에 있는 사람이 CEO라는 사실을 모르고 한 소리였다. 뿐만 아니라 자신이 직접 디자인한 롤러코스터를 자세하게 설명하면서 자신의 재능과 창의력을 드러냈다.

더욱 놀라운 사실은 이 청년이 엔지니어가 아니라 고객 서비스 팀에서 일하는 말단 직원이었던 것이다. 프로그램 막바지에 조엘 맨비는 청년의 재능을 키워 주기 위해 대학 등록금을 지원하기로 결정했다. 물론 대학에 다니는 동안 회사에서 급여를 계속 지급해 주기로 했다.

조엘 맨비 같은 현명한 리더는 창의적이고 재능 있는 직원을 발굴해 능력을 개발시켜 줌으로써 조직 전체에 이득이 되도록 한다. 당신은 직원들이 어떤 재능을 가지고 있는지 알고 있는가? 그들의 재능을 발굴할 준비는 되어 있는가?

규율의 가치 : 규율의 목적과 원칙에 충실하기

2009년 말, 많은 사람들이 역사상 가장 큰 투자사기 범죄를 저지른 버니 매도프Bernie Madoff의 판결을 지켜보았다. 그런데 미국 증권거래위원회SEC : Securities Exchange Commission는 버니 매도프에게 혐의 인정을 요구하지 않고 소송을 마무리 지었다. 관례상 SEC의 결정을 문제 삼을 수는 없지만, 버니 매도프가 이미 유죄를 인정한 마당에 혐의 인정을 요구하지 않았다는 점에서 의문을 갖지 않을 수 없다.

규율은 사람들로 하여금 규칙과 지침을 지키게 하고, 규칙을 어겼을 때는 교육과 지도, 또는 징벌을 통해서 교정하는 것이 목적이다. 규율이 효과적으로 적용되면 사람들은 올바르게 행동하려고 노력한다. 또한 규율은 잘못을 저지른 사람에게는 차후에 올바른 행동을 하도록 주의를 주고, 불이익을 당한 사람에게는 잃었던 권리를 찾아준다.

따라서 경영자와 관리자들이 자기 자신과 직원들에게 규율을 적용할 때는 규칙과 지침에 충실해야 한다. 그리고 실수를 범했을 때는 그것으로부터 배우고 개선할 수 있는 기회를 주어야 한다.

권한 이양의 가치 : 매니의 인생

리더십 전문가 레이 이스트Ray East가 쓴 『매니의 인생The Life of Manny』은 '매니'라는 인물을 중심으로 리더십에 관해 설명하는 스토리텔링 형식의 책이다. 주인공 매니가 뉴욕에 있는 컨설팅 회사에 매니저로 부임하면서부터 이야기는 시작된다. 그에게 닥친 첫 번째 도전은 매니가 책임자로 있는 팀의 일원인 '린다' 였다. 매니의 자리를 호시탐탐 노리고 있는 린다는 기회가 있을 때마다 새로 온 매니를 깎아내리려고 했다. 하지만 매니는 그런 린다에게 오히려 더 많은 권한을 위임하여 책임감을 가지고 일하도록 했다. 심지어 자신이 빛을 발할 수 있는 기회를 린다에게 양보하기까지 했다. 사장이 참석하는 새로운 고객과의 중요한 회의에서 린다에게 프레젠테이션을 맡긴 것이다.

결국 매니는 부하 직원에게 겸손한 태도를 취함으로써 새로운 고객을 얻었을 뿐만 아니라, 적대적이었던 팀원을 내편으로 만들었다.

권한 이양은 더 큰 목적을 위해서 자신의 권한 중 일부를 위임하는 매우 가치 있는 행동이다. 그리고 자신감 있는 리더만이 타인에게 권한을 위임할 수 있다.

최선의 가치 : 슈퍼스타를 넘어

2010년 4월 3일자 「월스트리트저널Wall Street Journal 」의 기사에 의하면, 운동경기에서 확실한 슈퍼스타가 있으면 다른 선수들이 평소보다 실력을 발휘하지 못한다고 한다. 거시경제학자 제니퍼 브라운Jennifer Brown 박사가 진행한 골프 경기에 관한 연구에서도 같은 결과가 나왔다. 연구 과정에서 브라운 박사는 타이거 우즈가 참가하는 골프대회에서는 상대 골퍼들이 평소의 실력을 제대로 발휘하지 못한다는 사실을 발견했다. 타이거 우즈와 상대하는 골퍼들이 우승을 아예 포기하는 경향을 보였다는 것이다. 이러한 현상은 스포츠 세계에만 해당되는 것이 아니라 모든 경쟁 상황, 특히 비즈니스 세계에서도 그대로 적용된다고 한다.

그 이유는 뭘까? 자신보다 뛰어난 다른 사람들과 비교하면 스스로 자신의 능력을 폄하하게 되기 때문이다. 하지만 '슈퍼스타'라는 존재와 상관없이 조직의 목표를 달성하기 위해 자신이 할 수 있는 최선을 다하다 보면 자신이 가진 진정한 능력을 최대로 발휘하게 된다.

공정의 가치 : 부패한 사회

러시아의 정치 부패를 조사하는 INDEM 재단은 러시아에서 뇌물로 사용된 돈이 3천2백억 달러(2010년 기준)에 이른다고 주장했다. 「뉴욕타임스」는 이 금액이 러시아 정부가 거둬들인 세수의 2.5배에 이른다고 보도했다. 최근 몇 년 동안 러시아의 부패가 극에 달하면서 러시아는 세계에서 가장 부패한 국가 중의 하나가 되었다.

얼마나 많이 소유했느냐를 기준으로 사회의 가치가 정의되기 시작하면 희망과 공정성은 이내 사라지고 만다. 뇌물은 돈이 없는 사람에게 돌아갈 기회를 박탈하고, 부자들이 부정한 방법으로 부를 축적하게 만든다. 그 결과 경제 시스템은 무너지고 만다.

우리는 자신이 속한 조직과 사회에 정의와 공정성을 요구해야 한다. 그렇게 하지 않으면, 우리는 불공정한 대우와 불이익의 희생양이 될 것이다.

친절의 가치 : 친절한 제이슨

새벽 4시 30분, 공항 검색대에서 줄을 서고 있던 내 친구 릭 박스는 흔치 않은 상황을 경험했다. 이른 새벽에 공항까지 오느라 피곤에 지친 공항 이용자들에게 한 검색 요원이 밝은 표정으로 인사를 건네고 있었기 때문이다. 너무 즐겁게 일하는 것 같아서 릭은 그 이유를 물어보지 않을 수 없었다. 그러자 검색 요원 제이슨은 이렇게 대답했다.

"아내와 이혼했고, 집도 잃었고, 얼마 전에는 심장마비로 거의 죽을 뻔했어요. 지금은 그저 살아있다는 것에 매일 감사하고 있습니다. 원래부터 믿음이 강했지만, 지금의 내 믿음은 그 어느 때보다도 강하답니다."

어려운 일이 생기면 어떤 이는 현실을 기꺼이 받아들여 대책을 세우지만, 어떤 이는 남을 원망하며 자신의 삶을 더 파괴할 수 있다. 제이슨은 현실을 있는 그대로 받아들였으며, 자신이 처한 상황을 잘 극복해 가고 있다. 만약 당신이 그런 상황이라면, 자신과 조직을 위해서 어떤 태도를 취하는 게 더 나을 것인가? 오늘 당신은 어떤 태도를 취할 것인가?

재미의 가치 : 미친 소 이야기

오래된 속담 중에 '즐거운 기분은 좋은 약이고, 짓눌린 마음은 독이다.'라는 말이 있다.

치킨 패스트푸드 프랜차이즈 브랜드 칙필레이Chick-fil-A는 자사가 주최한 리셉션에서 최근에 제작된 광고를 상영했다. 칙필레이는 이전에도 얼룩소가 스펠링에 어려움을 겪는 내용의 광고를 TV에 방영해서 수백만 명의 시청자들에게 큰 웃음을 선사했다. 이번에 공개한 광고 역시 매우 유머러스한 내용이었는데, 소 낙하산 부대가 미식축구 경기장에 침투해서 햄버거 판매상들을 공격한다는 내용이었다. 리셉션에서 공개한 이 광고를 통해 칙필레이는 참가자들에게 큰 웃음을 주었을 뿐만 아니라, 매출도 올리는 이중의 소득을 얻었다.

만약 당신이 심각한 비즈니스 프레젠테이션과 유머러스한 프레젠테이션 중에서 선택해야 한다면, 웃음이라는 약이 주는 뛰어난 효능을 과소평가하지 말기 바란다. 다른 사람에게 웃음과 즐거움을 주면 분위기도 좋아질 뿐만 아니라, 계약을 따낼 가능성도 훨씬 더 높아진다!

공유의 가치 : 기꺼이 나누다

반하트 형제는 자신들의 회사 반하트 크레인 앤 리깅Barnhart Crane & Rigging을 설립할 때, 회사의 수익으로 개인적인 부를 축적하는 대신 가치 있는 일을 하기로 결심했다.

많은 사람들이 사업 초기에 반하트 형제와 같은 생각을 하지만, 대부분은 자신들의 욕망 때문에 행동에 옮기지 못한다. 하지만 반하트 형제는 보통 사람들과 달랐다. 그들은 회사 자산의 99%를 자선단체에 기부했고, 매달 백만 달러 이상의 돈을 자선 사업에 쓰고 있다.

최근 한 언론과의 인터뷰에서 앨런 반하트Alan Barnhart는 기자로부터 "일을 하지 않을 때는 어떤 취미 생활을 하십니까?"라는 질문을 받고 이렇게 대답했다.

"저는 아이가 여섯입니다. 일하지 않는 대부분의 시간은 아이들과 함께 보냅니다. 저는 보이스카우트 리더로 활동하고 있고, 캠핑과 하이킹을 즐깁니다. 또한 아내 캐더린과 함께 교회 활동도 적극적으로 하고 있는데, 어려움에 처한 사람들을 도와주는 일에 열정을 가지고 있습니다."

우리는 번 돈으로 삶을 살고, 나누는 것으로 인생을 만든다.

상호성의 가치 : 받고 싶은 만큼 베풀어라

2008년 4월, 「워싱턴 포스트」 지에 어느 농아 신혼부부의 이야기가 실렸다. 데보라와 루이스는 결혼을 하면서 장애인 수당이 크게 줄어 집세를 낼 수 없었고, 월세 250달러가 밀려 쫓겨날 위기에 처하게 되었다고 한다. 그런데 뜻밖의 영웅이 나타났다. 집주인의 소송으로 법정에 서게 된 부부의 판결을 맡은 맥도너 판사가 갑자기 일어나서 재판정을 나가더니 250달러를 가지고 돌아왔다. 그러곤 집주인의 변호사에게 이렇게 말했다.

"여기 이 돈으로 지불하세요."

재판정에 있던 변호사들도 맥도너 판사의 친절 바이러스에 감염되어 수표책을 꺼냈고, 그 자리에서 1,250달러를 모금해 부부에게 전달했다. 이처럼 세상에는 자신이 받고 싶은 만큼 베푸는 자비로운 행동을 통해 사회와 이웃에 봉사하며 더 좋은 세상을 만드는 사람들이 많다.

감사의 가치 : 인간의 영혼을 고양시키는 방법

몇 년 전, 나는 가족과 함께 유명한 놀이공원에 간 적이 있다. 놀이공원에 도착해 정문으로 들어서다가 입구 조형물에 선명하게 적혀 있는 놀이공원 관리 회사의 비전과 미션, 가치를 보고

무척 깊은 인상을 받았다. 그리고 놀이공원 입구에는 회사의 비전뿐만 아니라, 이달의 우수 사원으로 선정된 '드니즈'라는 직원의 사진도 함께 붙어 있었다.

가족과 함께 즐거운 시간을 보내던 중 얼마 지나지 않아 입구에서 사진으로 보았던 '드니즈'라는 직원을 보게 되었다. 그녀에게 다가가 우수사원으로 선정된 것을 축하하면서 말을 건넸다.

"여긴 일하기 좋은 곳이죠?"

그런데 그녀에게서 의외의 대답이 돌아왔다.

"그렇지도 않답니다."

"왜, 그렇게 생각하죠?"

"직원들이 불평만 해요."

"무엇을 불평한다는 거죠?"

"이곳에 입사하기 위해 힘들게 노력했으면서도 일단 들어오면 자신이 하는 일에 대해 불평만 해요. 심지어 날씨도 불평하죠. 우리 힘으로는 해결할 수 없는 자연현상까지 왜 불평하는지 모르겠어요. 게다가 고객들이 귀찮게 한다고 불평해요. 고객들만 없으면 최고의 직장이 되는 것처럼 말이죠."

기업이 추구하는 가치를 고객들이 볼 수 있도록 밖에 써 놓는 것과 가치를 실천하는 것은 다른 얘기다. 기업의 가치를 실천하는 직원들의 행동이 기업 문화를 만들고, 그러한 기업 문화는 직원들의 만족감을 결정하는 중요 조건이다.

매사에 감사하는 마음을 갖게 되면 기분이 좋아지고, 반대로 불평을 하면 기분을 망친다. 우리는 매일 아침 일어나서 하루를 불평하며 보낼 것인지, 아니면 감사한 마음으로 보낼 것인지를 선택할 수 있다. 두 가지 선택 중에서 어느 것이 자신과 조직에 더 많은 이익과 즐거움을 가져다주는지는 말하지 않아도 잘 알 것이다.

정직의 가치 : 개 사료 도난 사건

캔자스시티에 있는 할인매장에서 10만 달러 상당의 물건을 도난당하는 사건이 있었다. 직원 2명이 공모해서 개 사료를 비롯한 많은 물건을 훔쳤던 것이다. 2010년 3월 17일자 지역 신문인 「캔자스시티 스타」에 따르면 문제의 직원들은 처음에는 훔친 물건을 동물 보호소에 기부했다고 한다. 하지만 절도 행위가 반복되면서 훔친 물건들을 팔아 이익을 취했다. 그들은 멀쩡한 물건을 하자 상품으로 분류해서 들키지 않고 물건을 빼돌릴 수 있었다. 그러다가 다른 동료들에 의해 그들의 범죄가 발각되고 만 것이다.

사람들이 어떤 상황에서나 정직하게 행동할 것이라고 장담할 수는 없다. 하지만 정직의 가치를 강조하고, 모범을 보이고 격려를 해주면 조직을 보호할 수 있다. 그런 문화를 만들기 위해서는 경영자를 비롯한 관리자들이 먼저 올바르게 행동해야 하고, 정직의 가치를 통해서 조직이 성장할 수 있다는 것을 행동으로 보여주어야 한다. 정직은 개인과 조직이 함께 성장할 수 있는 최고의 가치이다. 정직함은 직원과 고객의 믿음을 얻을 수 있는 가장 강력한 수단이기 때문이다.

겸손의 가치 : 유능한 인재 잡아 두기

경영자를 비롯한 관리자들은 유능한 직원을 곁에 두고 싶어 한다. 2009년 10월 26일자 「월스트리트 저널」에 실린 '유능한 직원을 붙잡는 방법'이라는 제목의 기사에 의하면, 가장 좋은 방법은 자신의 욕구보다 직원의 욕구를 만족시켜 주는 것이라고 한다. 또한 직원들은 자신의 가치를 인정해 주는 조직에서 근무하고 싶어 하며, 자신의 제안이나 의견이 받아들여져 인정받는다고 느낄 때 충성심이 생긴다고 한다.

요즘 들어 사회와 직장에서 겸손함은 더 이상 찾아보기 힘든 덕목이 되고 말았다. 하지만 리더는 자신의 이익을 잠시 접어 두고 겸손의 미덕을 보여야만 유능한 직원을 곁에 둘 수 있다.

정도의 가치 : 어떤 상황에서든 옳은 일을 하라

비즈니스를 위해 회사 전용기를 타고 러시아로 출장 간 어느 CEO에 대한 이야기를 소개한다. 그가 미팅을 하고 있는 동안, 전용기에 문제가 생겨서 부품을 교체하지 않으면 돌아갈 수 없는 상황에 처하고 말았다. 그런데 부품을 구하려면 뇌물을 줘야 한다는 것이다. 놀랍게도 CEO는 뇌물을 주지 않았고, 많은 시간이 걸림에도 불구하고 민간 항공기를 이용해서 돌아왔다고 한다.

CEO와 그를 수행한 간부들처럼 바쁜 사람들에게는 시간이 곧 돈이다. 기다리는 시간보다 오히려 뇌물을 주는 것이 더 경제적이었을 지도 모른다. 하지만 그들은 부패에 굴복하지 않았고, 올바른 행동을 선택했다. 그로 인해 소중한 시간을 낭비했을지 모르지만, 그들은 옳은 일을 한 것이다.

당신은 옳은 일을 하기 위해 얼마만큼의 불편함을 견뎌 내고, 희생할 준비가 되어 있는가?

균형의 가치 : 쉬는 날에는 쉬어라

존 J. 핼드리치John J. Heldrich 직업개발센터에서 발표한 2010년 연구 보고서에 의하면, 오늘날 미국 직장인의 40%만이 직장과 개인생활에서 균형을 유지하는 것으로 밝혀졌다. 참고로 1999년에는 51%였다고 한다. 왜 이렇게 일과 개인적인 삶 사이에 균형 잡힌 생활을 유지하기가 어려운 것일까?

인터넷은 지난 10년 동안 우리가 일하는 방식에 엄청난 변화를 가져왔다. 24시간 하루도 빠짐없이 대량으로 쏟아지는 정보만큼 일해야 할 업무량도 늘어났다. 실제로 많은 사람들이 일주일에 5~6일이 아니라 7일을 일한다. 회사에 출근해서 일하지 않더라도 말이다. 과거에는 일요일에 일하는 것이 금지되었던 적도 있었다. 그 시절에는 종교 생활을 하는 등 정신적, 육체적으로 쉴 수가 있었다.

보다 균형 잡힌 생활을 영위하고자 한다면, 일주일에 하루는 완벽하게 쉬어야 한다. 그리고 직원들에게도 쉴 때는 쉬라고 격려해야 한다. 그 누구도 최고 속도로 끝까지 달릴 수는 없다. 아무리 짧은 시간이더라도 재충전을 위한 휴식이 필요하다.

신의의 가치 : 의리 있는 행동으로 위기에 대처하기

수익이 우선인가, 사람이 우선인가? 경제가 악화되면서 수익 개선을 위해 대량 해고 등의 구조조정을 하는 회사가 늘고 있다. 특히 항공 산업은 전통적으로 외부 환경 요인에 매우 취약한데, 9.11 사태 이후 완전히 낭떠러지로 떨어지고 말았다. 이처럼 뜻하지 않은 위기에 항공사들이 대처한 방식을 보면, 각 항공사들의 성향을 파악할 수 있다. 그중 사우스웨스트 에어라인이 취한 조치는 통찰력이 뛰어난 위기 대처 방식이 무엇인지를 잘 보여준다.

9.11 사태 이후 대부분의 항공사들은 즉시 대량 해고를 결정했지만, 사우스웨스트 에어라인은 직원을 해고하지 않았다. 항공업계에서 유일한 조치였다. 모두가 대량 해고를 취하는 분위기에서 사우스웨스트의 결정은 의미심장할 수밖에 없었다. 사우스웨스트 에어라인이 직원들에게 보여준 신의는 다른 항공사들의 조치와 비교되었고, 그들의 선택은 고통을 겪던 시기에 큰 박수를 받았다. 사우스웨스트의 선택은 해고 조치가 경제적 위기 상황에서 취할 수 있는 유일한 조치가 아니라는 사실을 보여주었다.

장기적으로 보았을 때 회사가 직원들에게 신의를 보여주면 직원들도 반드시 회사에 충성으로 보답한다.

열정의 가치 : 값으로 매길 수 없는 가치

얼마 전, 내 동료는 가족과 함께 일리노이 주에 있는 '모텔 6'에서 하룻밤을 보냈고, 다음날은 조지아 주 레이크 래니어 섬에 있는 '르네상스 파인아일 리조트'에서 묵었다. 첫날밤은 깨끗하고 저렴한 모텔에서 잤고, 다음날은 훌륭한 서비스와 편의 시설, 멋진 풍경을 즐길 수 있는 곳에서 잤다.

모텔 6과 르네상스 파인아일 리조트는 잠자리와 휴식을 제공하는 숙박 시설이지만, 두 곳의 서비스 성격은 다르다. 그리고 공통점은 두 곳 모두 열정을 가지고 고객을 대한다는 사실이다. 모텔 6의 열정은 합리적인 가격으로 깨끗한 룸을 제공한다는 점이고, 르네상스 파인아일 리조트는 좋은 룸뿐만 아니라 높은 수준의 서비스와 엔터테인먼트를 제공한다는 점이다.

열정적으로 일하는 조직과 구성원들에게는 저렴한 가격의 기본적인 서비스를 제공하느냐, 높은 가격의 우아한 시설과 수준 높은 서비스를 제공하느냐가 중요하지 않다. 열정적으로 일하는 사람은 어디서든 빛이 날 수밖에 없다.

당신은 자신이 하는 일에 열정을 가지고 있는가? 당신이 가진 능력을 최대한 발휘해서 일하고 있는가? 그리고 당신이 속한 조직의 동료와 고객들은 그것을 알고 있는가?

긍정적 태도의 가치 : 위기를 기회로 만들다

사람은 누구나 위기가 닥치면 선택을 해야 한다. 위기 상황에 순응하여 소극적으로 대처할 것인지, 아니면 위기에 맞서기 위해 공격적으로 대처할 것인지를 결정해야 하는 것이다. 그래서 개인이든 기업이든 다가올 미래는 어떤 태도를 취하느냐에 따라 성장하거나 좌절을 겪기도 한다. 현실에서의 사례를 보더라도 위기의 거센 바람을 피해간 사람들은 두려워하지 않고 긍정적인 태도로 새로운 기회를 잡아냈다.

우리가 상황 자체를 바꿀 수는 없지만, 상황에 대처하는 마음가짐은 얼마든지 바꿀 수 있다. 지금 하고 있는 일에서 불안감을 느낀다거나 스트레스 때문에 괴롭다면, 잠깐 일을 멈추고 긍정의 힘을 떠올려 보자. 긍정의 태도가 심리적 안정감을 가져다주고, 성장으로 나아가는 길을 보여줄 지도 모른다.

당신은 위기를 기회로 보는가? 어떤 상황에서도 긍정적인 자세를 취할 수 있는가?

존중의 가치 : 다른 사람에게서 배우기

내 아내 다이앤은 사람들과 잘 지낸다. 나와 다이앤은 1983년 12월 17일에 결혼했는데, 그때부터 지금까지 아내가 다른 사람에게 무례하게 행동하는 모습을 본 적이 한 번도 없다. 나는 아내처럼 좋은 사람은 아니지만, 결혼 후 지금까지 아내와 함께 사는 동안 내 평판도 과히 나쁘지 않았다. 사람들이 아내의 행동을 보면서 나 역시 좋은 사람일 것이라고 생각했기 때문이다. 하지만 지금은 나도 아내의 영향을 받아서 그런지 본래의 나보다는 조금 더 좋은 사람으로 바뀐 것 같다. 이 자리를 빌려 아내에게서 배운 삶의 태도를 몇 가지 소개한다. 이러한 행동으로 인해 당신과 함께 있는 사람들이 즐거움을 경험하게 될 것이다.

- 사람을 만나면 항상 웃는다.
- 친절하게 행동한다.
- 기분 좋은 말을 건넨다.
- 상대방의 이야기에 잘 웃어 주고, 상대방을 웃게 만든다.
- 소외된 사람에게 먼저 다가간다.
- 상대방의 이야기에 귀를 기울인다.
- 바쁜 일상에서도 여유로움을 갖는다. 잠시 멈추어 꽃향기를 느껴 보고, 사람들과 즐거운 시간을 보내라.

책임의 가치 : 값비싼 대가

올림픽 수영 종목 금메달리스트인 마이클 펠프스는 마리화나를 피우는 모습이 핸드폰 카메라에 찍히면서 매우 값비싼 대가를 치러야 했다. 그의 광고주였던 캘로그는 펠프스의 행동이 캘로그의 이미지를 추락시켰다며 펠프스와의 100만 달러 광고 계약을 포기했다. 다수의 광고주들이 펠프스와의 계약을 유지했지만, 캘로그는 주 고객인 아이들에 대한 책임을 더 중요하게 여겼던 것이다. 펠프스의 마리화나 스캔들을 통해서 경솔한 행동 하나가 결코 공짜가 아니라는 사실을 다시 한 번 배울 수 있다.

흔히 일상에서의 가벼운 행동은 별것 아닌 것처럼 생각하기 쉬운데, 인터넷 세계에 살고 있는 오늘날에는 사소한 행동 하나가 엄청난 결과를 초래하기도 한다. 이러한 사례는 인터넷 포털 사이트에 몇 분만 접속해도 금방 알 수 있다. 스캔들에 휘말리고 싶지 않으면, 누군가가 자신을 지켜보고 있다는 생각으로 책임감 있게 행동해야 한다.

봉사의 가치 : 보이스카우트 전통

보이스카우트 단원인 내 친구 릭이 이글스카우트로 진급하는 기념식에 참석한 적이 있다. 이글스카우트가 되려면 지역 사회에 공헌할 수 있는 프로젝트를 기획해서 실행하는 특별 임무를 수행해야 한다. 이처럼 보이스카우트에서는 청년들이 지역 사회에 봉사하는 일을 매우 중요하게 여긴다. 대부분의 사람들은 리더십을 자신의 권력과 이익에 관한 것이라고 생각하지만, 보이스카우트에서는 봉사하는 것이라 여기고 있다. 이런 생각을 가진 젊은 보이스카우트 단원들이 지역 사회와 회사, 이웃을 위해 봉사하는 삶을 추구하는 것은 당연하다고 하겠다.

위대한 리더들을 연구하다 보면 그들이 자신의 위대함을 과시하는 사람들이 아니라, 다른 사람들을 위해 봉사하는 삶을 살

았던 겸손한 사람들이었다는 사실을 알게 된다. 사회생활에서 봉사하는 마음자세가 얼마나 중요한지를 잊지 말아야 한다. 봉사정신은 위대한 리더들의 소임이기도 하다.

팀워크의 가치 : 진실의 순간에 감동을 선물하기

얀 칼손Jan Carlson이 스칸디나비아 항공사의 신임 회장으로 취임했을 때 스칸디나비아 항공은 세계 항공사 평가에서 최하위였다. 서비스, 신뢰도, 수익 평가에서 가장 낮은 점수를 받았다. 하지만 1년 후 위 세 가지 평가 항목에서 최고점을 받았다. 전문가들이 원인을 분석한 결과 이러한 반전은 팀워크에서 나온 것으로 밝혀졌다.

칼손 회장은 CEO가 되자마자 2만여 명의 직원들이 고객을 응대할 때 즐거운 마음으로 오랫동안 기억에 남을 수 있는 서비스를 제공하도록 독려했다. 매년 천만 명 이상의 고객이 스칸디나비아 항공을 이용하고 있는데, 칼손 회장은 고객 한 사람당 최소 다섯 명 이상의 직원들이 고객과 접촉한다는 사실을 알아냈다. 칼손 회장은 5천만 번의 접촉을 '진실의 순간'이라고 명명했다. 그리고 나서 조종사와 승무원을 비롯한 모든 직원이 회사의 성장을 좌우하는 중요한 사람들이라는 사실을 깨닫게 함으로써 놀라운 성과를 이끌어낸 것이다.

1등과 꼴찌는 '진실의 순간에 어떻게 행동했는가?'로 결정된다. 당신과 함께하는 직원들은 어떤가? 진실의 순간에 고객들에게 잊을 수 없는 감동과 추억을 제공하고 있는가?

6

THE 1 HOUR PLAN

목표

: 성공을 어떻게 평가할 것인가? _ (사용 시간 : 7분)

"우리는 모든 것을 측정하고 평가하면서도 아무것도 이해하지 못할 때가 있다. 비즈니스에서 평가해야 할 가장 중요한 세 가지 요소는 고객 만족, 직원 만족, 현금 유동성이다."

– 잭 웰치, 제너럴 일렉트릭 전임 CEO

"자신의 사업을 평가할 숫자를 결정하는 것이 가장 중요하다. 사람들은 평가받는 것만 수행하기 때문이다."

– 마이클 르뵈프, 경영컨설턴트

목표는 개인의 성공과 기업의 실적을 평가하는 기준이 된다. 따라서 효과적인 사업 기획에는 고객, 직원, 재무에 대한 평가 목표가 포함되어야 한다.

탐욕은 나쁘다!

비즈니스의 목적을 오해하는 사람들이 많다. 영화 「월스트리트Wall Street」(2010년)에서 비도덕적인 기업 사냥꾼으로 등장하는 고든 게코는 이렇게 말한다.

"탐욕은 좋다. 탐욕은 옳다. 탐욕은 성공한다. 탐욕은 확실하다. 탐욕은 진화론의 정수다! 어떤 형식과 모양의 탐욕이든 위로 향하고자 하는 인간의 끓어오르는 욕구를 표현한다."

고든 게코의 비도덕적인 생각은 비도덕적인 행동과 재앙으로 이어졌고, 결국에는 버니 매도프처럼 감옥에 갇히는 신세가 되고 만다.

언젠가 맥도널드 프랜차이즈를 성공적으로 운영하고 있는 리 와기Lee Wagy에게 십대 아르바이트 학생들을 유능한 직원으로 탈바꿈시킨 비결을 물어본 적이 있다. 그는 이렇게 말해 주었다.

"자신에게 진정으로 이익이 되는 것이 무엇인지를 알려 주었어요. 다른 사람들, 즉 고객과 동료들, 회사를 위해 헌신하는 태도가 결국 자신의 경력이나 수입에 득이 되고, 고용 보장과 미래의 성공으로 이어진다는 사실을 일깨워 준 것이죠."

그렇다. 상대의 필요를 충족시켜 줌으로써 자신이 필요로 하는 것을 얻을 수 있다. 그의 대답이 성공으로 나아가는 지름길임에 틀림없다.

하버드 비즈니스 스쿨의 연구 결과에 의하면 고객의 필요, 직원의 필요, 그리고 조직의 필요를 충족시키는 데 모든 역량을 집중한 경우 다음과 같은 네 가지 분야에서 뛰어난 성장을 보인 것으로 나타났다.

1. 수익이 4배 이상 증가했다.
2. 고용률이 7배 이상 증가했다.
3. 자기자본이 12배 이상 증가했다.
4. 이익이 756배 이상 증가했다.

이처럼 비즈니스에서 성공하는 것은 어렵지 않다. 물론 엄청난 노력이 필요하지만, 본질적으로 복잡하지 않다는 얘기다. 비즈니스의 목적은 리더들을 키워 내면서 고객, 직원, 조직에 헌신하는 것이다.

'1시간 기획서'는 당신과 조직이 다른 사람을 돕고, 목표를 향해 제대로 나아가고 있는지를 점검하는데 더없이 유용한 도구가 될 것이다.

왜 목표를 설정하는가?

'비즈니스'라는 게임은 점수를 매길 때 더 생산적이고, 가치 있고, 재미있기 때문이다. 목표의 역할은 다음과 같다.

- 목표는 사업을 다음 단계로 성장시킨다.
- 목표는 더 큰 성취를 이끌어낸다.
- 목표는 축하할 일을 만든다.

목표를 어떻게 설정할 것인가?

목표를 설정할 때 여기서 소개하는 3단계 원칙을 따르면 쉽게 정할 수 있다. 첫째, '평가 대상'을 정한다. 무엇을 평가할 것인지 최대한 간단하게 규정한다. 둘째, '평가 방법'을 정한다. 어떻게 평가할 것인지 시간을 갖고 정리한다. 셋째, '목표치'를 정한다. 이렇게 해야만 목표에 대한 성과를 제대로 평가할 수 있다.

몇 가지 예를 [표 6-1]에서 확인할 수 있다.

[표 6-1] 목표 설정과 평가 방법(예시)

	평가 대상	평가 방법	목표치	체크
고객 평가	고객 만족도	설문 조사	70	✓
	시장 점유율	자사 사업의 매출이 업계 총매출에서 차지하는 비율	60%	
	고객 유지율	전년 대비 고객 유지 비율	95%	
	고객 수	기업 고객의 수	150	
직원 평가	생산성(1인당 수익)	수익 나누기 직원 수	$150,000	
	생산성(1인당 이익)	이익 나누기 직원 수	$15,000	
	직원 만족	조직 건강 평가서*	3.2	
	리더십 개발	리더십 개발 과정을 이수한 직원 수	12	
재무 평가	총매출	연간(USD)	$1,500,000	
	수익	연간(USD)	$150 000	
	EBITDA	연간(USD)	$200 000	
	부채	USD	0	

* '부록 A. 조직 건강 평가'를 참조

[연습 1-4] 목표 설정하기

- **평가 대상** : 평가 대상은 최대한 간단해야 한다. 그래야 이해하기 쉽고 업무 방향이 명확해진다.
- **평가 방법** : 설문 조사, 포커스 그룹을 이용하거나 외부 용역을 통해서 평가 방법을 만들 수 있다. 충분한 시간을 갖고 효과적인 평가 방법을 만든다.
- **목표치 설정** : 수치화 한다. 직원 설문 조사의 목표가 4.0 만점에 2.6으로 나왔다면 목표를 3.0으로 설정할 수 있다.
* [표 6-2]를 참조하라.

[표 6-2] 목표 쓰기

	평가 대상	평가 방법	목표치
고객 평가			
직원 평가			
재무 평가			

각 평가 항목에 목표 3~5개를 적어 놓은 뒤, 1개씩 골라 기획서로 옮겨 적는다.

➡ **저자의 제안** _ 축하합니다! 여기까지 '1시간 기획서'의 42%를 해 냈습니다. 목표에 대해서 더 알고 싶으면 계속 읽고, 지름길을 택 하려면 '7. 냉혹한 현실 직시하기'(119페이지)로 가십시오.

재무 플랜을 세우기 위해 알아야 할 것들

"40세, 50세가 되었는데 경제적으로 안정적이지 못하다면 환경이 나 시대 때문이 아니라 잘못된 재무 플랜을 세웠기 때문이다."

– 짐 론Jim Rohn, 작가, 성공 컨설턴트

30년 전, 나는 심각한 자금난을 겪은 적이 있다. 재정에 큰 구멍이 뚫렸는데, 그 당시의 채무는 내 연간 수입의 2배가 넘 었다. 그때 재무 전문가 한 분이 내가 처한 재정 문제를 프로젝 트로 만들어서 해결하라고 조언해 주었다. 그러고는 '지혜 프 로젝트'라는 이름을 붙여 주었다. 사전 편찬자로 유명한 노아 웹스터Noah Webster는 '지혜'를 '지식의 올바른 사용'이라고 정의 했는데, 나에겐 길고 힘든 프로젝트였지만 매우 가치 있는 경 험이었다.

스티븐 코비의 말처럼 행동으로 야기된 문제는 말로 해결되는 게 아니다. 재정적인 어려움에 봉착해 있는 개인이나 조직 가운 데 매우 기초적인 재무 지식조차 알지 못하는 경우가 허다하다.

가장 일반적이며, 꼭 알아야 할 재무 보고서는 손익계산서와 대차대조표다. 손익계산서와 대차대조표를 쉽게 이해할 수 있도록 개인의 재무 사항과 비교해서 설명하겠다. 손익계산서는 개인의 소득, 지출, 재량 소득과 비교할 수 있고, 대차대조표는 개인의 소유 재산, 부채, 실제 재산과 비교할 수 있다.

손익계산서 쉽게 이해하기

손익계산서를 쉽게 이해하기 위해 개인의 소득과 지출을 먼저 생각해 보자. 총수입에서 세금을 뺀 금액이 집으로 가져가는 실제 소득이다. 실제 소득에서 생활비 등의 지출액을 빼면 재량 소득이 된다. 여기서 중요한 질문을 해보겠다.

'재량 소득은 좋은 것인가?'

대부분의 사람들은 소득보다 지출이 더 크기 때문에, 재량 소득이 없다. 모든 문제가 여기에서 비롯된다. 재량 소득이 있으면 과거의 채무를 갚을 수도 있고, 비상금을 마련할 수도 있다. 재량 소득을 모아서 부동산이나 승용차처럼 값비싼 물건을 구입하거나 자녀의 대학 등록금으로 지출할 수도 있다. 이제 질문에 대한 해답을 찾았는가? 재량 소득은 그냥 좋은 정도가 아니라 엄청나게 좋은 것이다!

그렇다면 회사의 손익계산서를 따져 보자. 총매출에서 생산비를 빼면 수익이 된다. 그리고 수익에서 간접비용을 빼면 순이익이 남는다. 다시 같은 질문을 하겠다.

'순이익은 좋은 것인가?'

순이익이 늘어나면 어려울 때를 대비하여 현금 보유량을 늘릴 수 있으며, 채무를 갚을 수도 있다. 또한 대출을 받지 않고 새로운 사업을 시작할 수도 있으며, 신입사원을 채용하거나 직원들에게 보너스를 줄 수도 있다. 이익은 그냥 좋은 정도가 아니라 엄청나게 좋은 것이다!

피터 드러커는 이익의 중요성을 간과하는 것이야말로 우리 경제 시스템의 미래에 가장 심각한 위협이 될 것이라고 경고했다.

대차대조표 쉽게 이해하기

개인이 소유한 총재산에서 부채를 빼면 나머지는 개인의 실제 재산이라고 할 수 있다. 실제 재산이 많으면 가정에 경제적 안정과 여유가 생기므로 매우 좋은 일이다. 뿐만 아니라 이자 수익, 배당금, 임대료 같은 부가 수익을 기대해 볼 수도 있다.

기업의 대차대조표도 마찬가지다. 회사의 자산에서 부채를 빼면 자기 자본이 된다. 대차대조표의 상태가 좋으면, 회사의 재무 상태가 건강하다는 의미다. [표 6-3]에 예시한 단순 대차대조표를 참고하기 바란다.

[표 6-3] 단순 대차대조표(예시)

개인 재무	기업 재무
소유한 재산 − 부채 = 실제 재산	자산 − 채무 = 자기 자본

경영컨설턴트인 커벳 로버트Cavett Robert는 이런 말을 한 적이 있다.

"돈이 전부는 아니지만, 삶에 산소 같은 역할을 한다."

회사의 이익과 자기자본, 개인의 재량 소득과 실제 재산은 우리가 좀 더 자유롭고 편하게 숨 쉴 수 있도록 해줄 뿐만 아니라, 남을 돕는 여유를 갖게 해준다.

3장
. . .

지금
어디에 있는가?

THE
1HOUR
PLAN

THE 1 HOUR PLAN

7

냉혹한 현실 직시하기

: 논의해야 할 이슈는 무엇인가? _ (사용 시간 : 10분)

"내가 해야 할 일은 바위를 들춰내고 밑에 뭐가 있는지 보는 것이다. 소름끼칠 정도로 징그러워도 봐야만 한다."

– 프레드 퍼듀*Fred Purdue*, 비즈니스 프로세스, 피트니 보우즈
Business Process, Pitney Bowes 전임 부사장

"비전이 있다고 해서 좋은 리더가 되는 것은 아니다. 진정한 리더는 냉혹한 현실을 직원들이 깨닫게 하여 해결책을 마련하는 사람이다. 리더로서 냉혹한 현실을 무시하는 것은 직원들의 사기를 떨어뜨리는 행동이다."

– 짐 콜린스, 『좋은 기업을 넘어 위대한 기업으로』의 저자

가장 영향력이 큰 몇 가지 주요 이슈에 집중하라

세계적인 경영컨설턴트인 짐 콜린스는 자신의 책『좋은 기업을 넘어 위대한 기업으로』에서 이렇게 말했다.

"좋은 리더를 넘어 위대한 리더로 성장하기 위해서는 잡다하고 번잡스러운 일들을 차단하고, 가장 영향력이 큰 몇 가지 문제에 집중할 줄 알아야 한다."

짐 콜린스가 지적한 것처럼, 이제부터 모든 생각을 잠시 멈추고 10분 동안 여기에 집중하는 것이 당신이 해야 할 일이다.

비즈니스 역량을 높이기 위해 중요한 일에 집중하는 방법으로는 '80/20 법칙'이 있다. 많이 들어보았겠지만, 예를 들면 이렇다.

- 20%의 옷을 80%의 시간 동안 입는다.
- 20%의 사람이 80%의 부를 보유하고 있다.
- 20%의 직원들이 80%의 실적을 올린다.
- 20%의 이슈가 80%의 사업 성장을 이끈다.

물론 항상 정확하게 80/20 법칙이 적용되는 것은 아니지만, 기업가이자 경영컨설턴트이기도 한 리처드 코치Richard Koch는 자신의 책『80/20 법칙The 80/20 Principle』에서 이렇게 적고 있다.

"원인과 결과, 투입과 산출, 노력과 성과는 정비례하지 않는다."

사업 규모가 커질수록 80/20 법칙이 더욱 필요해진다. 중요한 것에 더 집중해야 하고, 중요하지 않는 것은 무시할 수 있어야 한다. 조직의 미래에 막대한 영향을 미치고, 전략의 기반이 되는 중요한 이슈가 있을 것이다. 그것을 찾아내서 집중해야 한다.

개선되어야 할 분야를 빨리 찾아내고, 그 안에서 가장 영향력이 큰 주요 이슈를 적어라.

[연습 2–1] 논의해야 할 주요 이슈는 무엇인가?

사업을 성장시키기 위해 꼭 논의해야 할 주요 이슈 5~10가지를 [표 7–1]에
적는다. 그런 다음 중요도에 따라 순위를 매긴다.

[표 7–1] 논의해야 할 주요 이슈

순 위	주요 이슈

[표 7-2] **주요 전략**

[표 7-1]에서 선정한 주요 이슈를 다음 알맞은 전략 칸에 적는다.

인적 자산 – 사람 :	**혁신** – 제품과 서비스 :
물적 자원 – 장비, 자원, 공간 :	**마케팅 및 판매** – 제품과 서비스 판매 :
재정 자원 – 자본 접근성 :	**생산성 및 배송 품질** – 제품과 서비스 배송 :
수익 조건 – 수익 창출 능력 :	**사회적 책임** – 환원 :

위 주요 전략 가운데 가장 중요하다고 생각되는 핵심 전략 한 가지를 골라
[연습 3-1]의 전략 수립 연습에서 활용한다.

주요 이슈는 전략이며 우선 과제다

지금 해결해야 할 주요 이슈가 사람이라면, 가장 중요한 전략은 '인적 자원'이 될 것이다. 그리고 이에 관한 문제를 개선하기 위해 채용, 사내 교육, 보너스 지급 등의 실무 작업에 담당자를 지정하여 업무를 맡기게 되는데, 이때의 업무들이 우선 과제가 된다. [표 7-3]의 예시를 통해서 이슈를 전략과 우선 과제로 만드는 방법을 확인할 수 있다. '8. 전략'(131페이지)에서 예시하는 [연습 3-1]에 자신의 전략을 적기 전에 다음 [표 7-3]의 예를 자세히 살펴볼 필요가 있다.

[표 7-3] **주요 이슈를 전략과 우선 과제로 만들기**(예시)

전략 분야	주요 이슈	전략	우선 과제
인적 자원	• 직원 교육 부재 • 책임감 결여 • 낮은 직원 참여도	**인적 자원** : 지속적인 교육, 성과 관리, 직원 참여도 개선을 통해 고성과 팀을 구축한다.	• 질 : 1월 31일까지 2시간 과정의 직원 교육을 실시한다. • 밥 : 1월 14일까지 8명의 직원과 각각 미팅을 갖고 업무 기대치를 분명히 한다. • 멜린다 : 1월 28일까지 사업 성장 기획을 위한 팀 미팅을 실시한다.
물적 자원	• 뒤떨어진 기술력 • 사무기기 부족 • 비효율적 공간 배치	**물적 자원** : 기술 지원, 사무기기 구입, 공간 재배치를 통해 효율적인 업무 환경을 조성한다.	• 프랭크 : 1월 20일까지 기술 업데이트에 관한 제안서를 제출한다. • 조디 : 1월 31일까지 공간 활용도가 높은 프린터를 구입한다. • 잭 : 1월 25일까지 본사 공간을 효율적으로 재배치한다.

전략 분야	주요 이슈	전략	우선 과제
재정 자원	• 예산 현황에 대한 이해 부재 • 낮은 현금 보유율 • 비효율적인 예산 관리 시스템	**재정 자원** : 가용 예산 확인, 여신 한도 확대, 예산 시스템 재설계를 통해 재정 건전성을 확보한다.	• 헤더 : 1월 21일까지 회계팀과 미팅을 진행한다. • 존 : 1월 28일까지 은행에서 10만 달러 여신 한도의 계좌를 개설한다. • 케빈 : 1월 17일까지 예산 시스템을 재설계한다.
혁신	• 노후한 생산 라인 • 저하된 서비스 품질 • 제한된 수익선	**혁신** : 신제품 개발과 서비스 품질 개선을 통해 고객 만족도를 높이고 수익선을 다변화한다.	• 필 : 1월 24일까지 신제품 3가지를 제안한다. • 보니 : 고객 만족도 조사를 실시하고, 1월 31일까지 서비스 품질 개선안을 제출한다. • 앤드류 : 1월 10일까지 새로운 수익선을 제안한다.

전략 분야	주요 이슈	전략	우선 과제
마케팅 & 영업	• 영업력 부족 • 소셜미디어 활용 능력 부족 • 노후한 브랜드 이미지	**마케팅&영업** : 판매 전략 개발, 효과적인 소셜미디어 활용, 브랜드 이미지 개선을 통해 매출과 수익을 증대시킨다.	• 데이비드 : 1월 10일까지 6주 과정의 영업 교육 프로그램에 등록한다. • 메리 : 1월 21일까지 링크드인, 페이스북, 트위터 등을 활용한 마케팅 제안서를 제출한다. • 패트릭 : 1월 17일까지 브랜드 컨설팅 업체와 계약을 체결한다.
생산성 및 배송 품질	• 높은 재작업률 • 영업팀과 관리팀과의 비효율적 업무 연계 • 잦은 고객 이벤트 상품 배송 오류	**생산성 및 배송 품질** : 업무 프로세스 개선, 영업팀과 관리팀 간의 커뮤니케이션 개선, 배송 품질 보고서 작성을 통해 운영 효율성을 개선한다.	• 세라 : 1월 19일까지 재작업률 개선을 위한 4시간짜리 세션을 주재한다. • 보니 : 1월 28일까지 영업팀과 관리팀의 커뮤니케이션 개선을 위한 미팅을 주재한다. • 스캇 : 고객 이벤트 상품 배송 품질 보고서를 작성한다.

전략 분야	주요 이슈	전략	우선 과제
수익 조건	• 비용 증가 • 일관성 없는 가격 정책 • 비용 관리 부재	**수익 조건** : 새로운 공급처 발굴, 가격 정책 개선, 비용 관리를 통해 재무 성과를 극대화한다.	• 스테이시 : 1월 27일까지 새로운 공급처 제안서를 제출한다. • 조 : 1월 17일까지 새로운 가격 정책을 수립하여 경영진에게 승인받는다. • 그랙 : 주 단위로 비용을 점검한다.
사회적 책임	• 공동체 의식 부족 • 이익의 사회 환원에 대한 인식 부재 • 사회 운동 참여 부족	**사회적 책임** : 가치 있는 사회 운동 참여를 통해 공동체 의식과 팀워크를 강화한다.	• 샘 : 1월 21일까지 봉사의 날을 위한 해비타트를 준비한다. • 델라 : 1월 31일까지 직원 체육대회에 관한 제안서를 제출한다. • 앰버 : 1월 26일까지 봉사활동이 필요한 지역 단체를 선정한 후 주말 자원봉사자 신청을 받는다.

➡ **저자의 제안** _ 축하합니다! 여기까지 '1시간 기획서'의 58%를 해냈습니다. 주요 이슈에 대해서 더 알고 싶으면 [부록 B]를 읽고, 지름길을 택하려면 '8. 전략' (131페이지)로 가십시오.

4장
...
목적지까지
어떻게 갈 것인가?

THE
1HOUR
PLAN

THE 1 HOUR PLAN

8

THE 1 HOUR PLAN

전략

: 완수해야 할 주요 전략은 무엇인가? _ (사용 시간 : 15분)

"하지 말아야 할 것을 잘 하는 것처럼 쓸모없는 것은 없다."

– 피터 드러커, 현대 경영학의 아버지

*"결정 과정에 참여하지 않는 사람들을 이끌고 가기는 매우 어렵다.
전략에 대한 주인 의식을 가지지 못하는 유능한 인재는 결코 당신
곁에 남아 있지 않을 것이다."*

– 하워드 슐츠Howard Schultz, 스타벅스 회장

전략은 조직이 나아가야 할 방향을 결정하는 고도의 선택이
다. 다시 말해 '지금 있는 곳에서 비전을 실현할 수 있는 곳까
지 어떻게 갈 것인가?'에 대한 답이다. 전략은 최대 5개까지 정

할 수 있다.

고객을 돕는 것이 이기는 전략이다

앨라배마 전력Alabama Power 기업 서비스 부문 전임 부사장 래리 그릴Larry Grill은 65명의 매니저, 600명의 슈퍼바이저를 돕는 8명으로 구성된 전략팀을 지원하고 있다. 600여 명의 슈퍼바이저는 앨라배마 전력의 전체 직원 6,000명을 돕고, 이들 6,000명은 다시 백만이 넘는 주택, 상가, 공장, 기업 등의 고객에게 전력을 공급함으로써 그들의 삶에 도움을 준다.

래리 그릴은 리더십에 대한 자신의 철학을 이렇게 설명한다.

"조직에서 높이 올라갈수록 다른 사람을 돕는 책임도 함께 커진다. 하지만 안타깝게도 대부분의 리더는 권위의식에 사로잡혀 직원들을 도울 생각을 하지 못한다. 하지만 '서번트 리더십Servant leadership'이야말로 리더십의 최고 모범이다."

다시 말해 리더가 직원들을 섬기면, 직원들은 고객들을 섬긴다. 따라서 서번트 리더십은 모든 기업에 적용할 수 있는 최고의 이기는 전략이다. 래리 그릴이 직원들과 함께 사업을 성장시킬 전략으로 가장 중요하게 생각한 것은 '서번트 리더십'의 실천이었다.

왜 전략이 필요한가?

사업을 성장시키는데 있어서 전략은 가장 중요한 요소다. '전략 기획'이라 불리는 이유도 바로 여기에 있다. 전략은 다음과 같은 역할을 한다.

- 사업을 성장시키는데 가장 중요한 분야에 집중하게 한다.
- 비전을 실현하고, 미션을 충족시킨다.
- 직원 참여와 고객 봉사를 위한 행동 지침을 준다.

[연습 3-1] 전략 수립 연습

시간을 줄이려면 가장 중요한 전략 한 가지만 작성한다.

1. 전략에 이름을 붙여라 : 7. 냉혹한 현실 직시하기'에서 이미 가장 중요한 전략이 무엇인지를 확인했다. 인적 자원, 물적 자원, 재정 자원, 혁신, 마케팅·판매, 생산성 및 배송 품질, 수익 조건 혹은 사회적 책임 등 각 전략 분야에 이름을 붙이면 커뮤니케이션이 훨씬 용이하다.

2. 예상 결과를 명시하라 : 각 전략 분야에서 무엇을 완수하려는 것인지를 분명히 한다. 이 과정은 일종의 미니 비전Mini-vision과 같다. 각 전략 분야별로 제시된 예시를 참고하라.

3. '~함으로써', '~을 통한'으로 표현하라 : 전략적 선택을 '함으로써' 혹은 전략적 선택 '을 통해' 예상 결과를 달성하는 것이다.

4. 전략적 선택을 결정하라 : 전략적 선택은 이슈를 다루며, 어떤 일을 할 것인지에 대한 '큰 그림'을 보여준다.

이제부터는 전략 수립 방법을 보여주는 사례([표 8-1]~[표 8-9])를 살펴볼 것이다. 가장 관심 있는 전략 분야를 골라 예시에 따라 연습해 보고, 시간이 허락되는 대로 다른 전략 분야도 함께 연습해 보기 바란다. 이 연습을 마치고 나면 [연습 3-1]의 4단계 과정을 쉽게 이해할 수 있다. 전략 수립 방법을 충분히 익혔다면, 앞의 [표 7-2] '주요 전략' 표에서 핵심 전략 한 가지를 선택해 연습한 방법으로 전략을 수립한다. 그런 다음 기획서에 옮겨 적는다.

[표 8-1]은 인적 자원 전략의 예이다.

[표 8-1] 인적 자원 전략(예시)

전략 분야	체크	예상 결과	~함으로써 ~을 통해	체크	전략적 선택
	✓	높은 성과의 팀 구성	~을 통해	✓	직원 채용
		업무 역량 확대			직무에 적합한 사람을 배치
		직원의 참여도 높이기			리더십
인적 자원		관리팀 강화		✓	교육 실시
		직원 이직률 줄이기			관리
		(예상 결과 적기)			인센티브
		(예상 결과 적기)		✓	성과 인정
		(예상 결과 적기)		✓	(전략적 선택 적기) 크로스 트레이닝
		(예상 결과 적기)			(전략적 선택 적기)

* 인적 자원 전략의 예 : 직원 채용, 교육 실시, 성과 인정, 크로스 트레이닝을 통한 고성과 팀을 구성함.

인적 자원 전략 수립

첫째, '예상 결과' 옆에 체크 표시를 하거나 직접 예상 결과를 써 넣는다.

둘째, '~함으로써' 혹은 '~을 통한'을 선택한다.

셋째, '전략적 선택' 옆에 체크 표시를 하거나 직접 전략적 선택을 써 넣는다.

넷째, 아래 빈칸에 전략을 작성한 후 기획서에 옮겨 적는다.

아래 [표 8-2]를 참고하라.

[표 8-2] 인적 자원 전략 수립의 예

전략 분야	체크	예상 결과	~함으로써 ~을 통해	체크	전략적 선택
인적 자원	✓	고성과 팀 구성		✓	직원 채용
		지원 역량 강화			직무에 적합한 사람을 배치
		직원의 참여도 높이기			리더십
		관리팀 강화			교육 실시
		직원 이직률 줄이기			관리 강화
		(예상 결과 적기)			(전략적 선택 적기)
		(예상 결과 적기)			(전략적 선택 적기)
		(예상 결과 적기)			(전략적 선택 적기)
		(예상 결과 적기)			(전략적 선택 적기)

인적 자원 전략을 아래에 작성한 후 기획서에 옮겨 적는다.

_____

_____

_____

_____

_____

_____

_____

_____

인적 자원 전략의 예를 들면 다음과 같다.

- 효과적인 채용과 교육을 통해 고성과 팀을 구축한다.
- 선별적 채용, 지속적 교육, 적절한 보상, 서번트 리더십을 통해 신뢰할 수 있는 고성과 팀을 구축한다.
- 직무에 적합한 직원을 배치하고, 실적을 보상함으로써 직원 참여도를 높인다.

인적 자원 전략에 대한 추가 정보는 [표 7-3]과 '8. 전략' 마지막 부분에 소개한 전략 아이디어를 참고하기 바란다.

물적 자원 전략 수립

첫째, '예상 결과' 옆에 체크 표시를 하거나 직접 예상 결과를 써 넣는다.

둘째, '~함으로써' 혹은 '~을 통한'을 선택한다.

셋째, '전략적 선택' 옆에 체크 표시를 하거나 직접 전략적 선택을 써 넣는다.

넷째, 아래 빈칸에 전략을 작성한 후 기획서에 옮겨 적는다.

아래 [표 8-3]을 참고하라.

[표 8-3] 물적 자원 전략 수립의 예

전략 분야	체크	예상 결과	~함으로써 ~을 통해	체크	전략적 선택
물적 자원		근무 환경 개선			기술 지원
		필요한 장비 지원			물리적 공간
		효율성 높이기			장비 구입 또는 대여
		자원의 효율성 최대화			공간 활용
		(예상 결과 적기)			에너지 절약
		(예상 결과 적기)			(전략적 선택 적기)
		(예상 결과 적기)			(전략적 선택 적기)
		(예상 결과 적기)			(전략적 선택 적기)
		(예상 결과 적기)			(전략적 선택 적기)

물적 자원 전략을 아래에 작성한 후 기획서에 옮겨 적는다.

물적 자원 전략의 예를 들면 다음과 같다.

- 근무 공간을 확대함으로써 근무 환경을 개선한다.
- 기술 지원과 장비 업그레이드를 통해 업무를 성공적으로 수행하도록 지원한다.
- 기술 지원, 노후 기기 교체, 에너지 절약을 통해 업무 효율성을 높인다.

물적 자원 전략에 대한 추가 정보는 [표 7-3]과 '8. 전략' 마지막 부분에 소개한 전략 아이디어를 참고하기 바란다.

재정 자원 전략 수립

첫째, '예상 결과' 옆에 체크 표시를 하거나 직접 예상 결과를 써 넣는다.

둘째, '~함으로써' 혹은 '~을 통한'을 선택한다.

셋째, '전략적 선택' 옆에 체크 표시를 하거나 직접 전략적 선택을 써 넣는다.

넷째, 아래 빈칸에 전략을 작성한 후 기획서에 옮겨 적는다.

아래 [표 8-4]를 참고하라.

[표 8-4] **재정 자원 전략 수립의 예**

전략 분야	체크	예상 결과	~함으로써 ~을 통해	체크	전략적 선택
재정 자원		자본 확충			은행 등 금융 기관
		재무 역량 개선			엔젤 투자
		사업 안정			사모펀드
		사업 성장			벤처캐피탈
		(예상 결과 적기)			(전략적 선택 적기) 우리 사주
		(예상 결과 적기)			(전략적 선택 적기) 신용 한도 구축
		(예상 결과 적기)			(전략적 선택 적기)
		(예상 결과 적기)			(전략적 선택 적기)
		(예상 결과 적기)			(전략적 선택 적기)

재정 자원 전략을 아래에 작성한 후 기획서에 옮겨 적는다.

재정 자원 전략의 예를 들면 다음과 같다.

- 신용 한도를 확대함으로써 재정 안정을 도모한다.
- 은행 대출과 우리 사주를 통해 성장 동력을 강화한다.
- 은행 대출, 엔젤 투자, 사모펀드를 활용하여 자본을 확충한다.

재정 자원 전략에 대한 추가 정보는 [표 7-3]과 '8. 전략' 마지막 부분에 소개한 전략 아이디어를 참고하기 바란다.

혁신 전략 수립

첫째, '예상 결과' 옆에 체크 표시를 하거나 직접 예상 결과를 써 넣는다.

둘째, '~함으로써' 혹은 '~을 통한'을 선택한다.

셋째, '전략적 선택' 옆에 체크 표시를 하거나 직접 전략적 선택을 써 넣는다.

넷째, 아래 빈칸에 전략을 작성한 후 기획서에 옮겨 적는다.

아래 [표 8–5]를 참고하라.

[표 8–5] **혁신 전략 수립의 예**

전략 분야	체크	예상 결과	~함으로써 ~을 통해	체크	전략적 선택
혁신		다양한 수익 모델 개발			신제품 개발
		경쟁 우위 확보			새로운 서비스 개발
		고객 서비스 향상			제품의 품질 개선
		사업 지속성 향상			서비스 개선
		(예상 결과 적기)			(전략적 선택 적기)
		(예상 결과 적기)			(전략적 선택 적기)
		(예상 결과 적기)			(전략적 선택 적기)
		(예상 결과 적기)			(전략적 선택 적기)
		(예상 결과 적기)			(전략적 선택 적기)

혁신 전략을 아래에 작성한 후 기획서에 옮겨 적는다.

혁신 전략의 예를 들면 다음과 같다.

- 틈새시장을 겨냥한 신제품 및 서비스 개발을 통해 수익 모델을 다양화한다.
- 다양한 시행 결과 및 실험 사례들을 학습하여 경쟁 우위의 신제품 및 서비스를 개발한다.
- 산업 동향 분석, 고객 인터뷰, 포커스 그룹 설문 조사를 통해 신선하고 매혹적이며, 마진율이 높은 고급 제품을 개발한다.

혁신 전략에 대한 추가 정보는 [표 7-3]과 '8. 전략' 마지막 부분에 소개한 전략 아이디어를 참고하기 바란다.

마케팅 · 판매 전략 수립

첫째, '예상 결과' 옆에 체크 표시를 하거나 직접 예상 결과를 써 넣는다.

둘째, '~함으로써' 혹은 '~을 통한'을 선택한다.

셋째, '전략적 선택' 옆에 체크 표시를 하거나 직접 전략적 선택을 써 넣는다.

넷째, 아래 빈칸에 전략을 작성한 후 기획서에 옮겨 적는다.

아래 [표 8-6]을 참고하기 바란다.

[표 8-6] 마케팅 · 판매 전략 수립의 예

전략 분야	체크	예상 결과	~함으로써 ~을 통해	체크	전략적 선택
마케팅 · 판매		브랜드 구축			이상적인 고객 그룹 선정
		시장점유율 확장			고객의 요구와 필요성 이해
		틈새시장 집중			데이터베이스 관리
		판매와 수익 향상			마케팅 메시지 결정
		(예상 결과 적기)			마케팅 커뮤니케이션
		(예상 결과 적기)			집중 판매
		(예상 결과 적기)			리브랜딩rebranding
		(예상 결과 적기)			(전략적 선택 적기)
		(예상 결과 적기)			(전략적 선택 적기)

마케팅·판매 전략을 아래에 작성한 후 기획서에 옮겨 적는다.

_____

_____

_____

_____

_____

_____

_____

_____

마케팅·판매 전략의 예를 들면 다음과 같다.

- 웹사이트를 개선하고, 온라인 및 입소문 마케팅을 강화함으로써 잠재 고객을 발굴한다.
- 마케팅 메시지를 개발하고, 효과적인 홍보를 통해 브랜드를 구축한다.
- 다이렉트 마케팅, 고객 세미나, 홍보 행사 등을 통해 고객의 관심을 이끌어낸다.

마케팅 및 판매 전략에 대한 추가 정보는 [표 7-3]과 '8. 전략' 마지막 부분에 소개한 전략 아이디어를 참고하기 바란다.

생산성 및 배송 품질 전략 수립하기

첫째, '예상 결과' 옆에 체크 표시를 하거나 직접 예상 결과를 써 넣는다.

둘째, '~함으로써' 혹은 '~을 통한'을 선택한다.

셋째, '전략적 선택' 옆에 체크 표시를 하거나 직접 전략적 선택을 써 넣는다.

넷째, 아래 빈칸에 전략을 작성한 후 기획서에 옮겨 적는다.

아래 [표 8-7]을 참고하라.

[표 8-7] **생산성 및 배송 품질 전략 수립의 예**

전략 분야	체크	예상 결과	~함으로써 ~을 통해	체크	전략적 선택
생산성 및 배송 품질		고객 만족			고객 서비스 향상
		최고 품질의 배송			성과 표준 모니터링
		운영 효율성 향상			업무 흐름 시스템 개선
		품질 향상			프로세스 이해도 향상
		(예상 결과 적기)			배송 품질 보고서
		(예상 결과 적기)			(전략적 선택 적기)
		(예상 결과 적기)			(전략적 선택 적기)
		(예상 결과 적기)			(전략적 선택 적기)
		(예상 결과 적기)			(전략적 선택 적기)

생산성 및 배송 품질 전략을 아래에 작성한 후 기획서에 옮겨 적는다.

_____

_____

_____

_____

_____

_____

_____

_____

생산성 및 배송 품질 전략의 예를 들면 다음과 같다.

- 업무 흐름을 개선하고, 업무 프로세스 시스템을 구축함으로써 생산성을 향상시킨다.
- 고객 서비스와 배송 품질을 개선하여 고객 만족도를 높인다.
- 성과 기준을 정해 지속적으로 모니터링을 함으로써 업무 효율성을 높인다.

생산성 및 배송 품질 전략에 대한 추가 정보는 [표 7-3]과 '8. 전략' 마지막 부분에 소개한 전략 아이디어를 참고하기 바란다.

수익 조건 전략 수립

첫째, '예상 결과' 옆에 체크 표시를 하거나 직접 예상 결과를 써 넣는다.

둘째, '~함으로써' 혹은 '~을 통한'을 선택한다.

셋째, '전략적 선택' 옆에 체크 표시를 하거나 직접 전략적 선택을 써 넣는다.

넷째, 아래 빈칸에 전략을 작성한 후 기획서에 옮겨 적는다.

아래 [표 8-8]을 참고하라.

[표 8-8] **수익 조건 전략 수립의 예**

전략 분야	체크	예상 결과	~함으로써 ~을 통해	체크	전략적 선택
수익 조건		투자수익률(ROI) 개선			재무 플랜 개발
		재무 성과 극대화			공인회계사 채용
		수익 목표 달성			은행과 제휴
		수익 향상			지급, 수급 계정 시스템
		(예상 결과 적기)			재무 교육
		(예상 결과 적기)			(전략적 선택 적기)
		(예상 결과 적기)			(전략적 선택 적기)
		(예상 결과 적기)			(전략적 선택 적기)
		(예상 결과 적기)			(전략적 선택 적기)

수익 조건 전략을 아래에 작성한 후 기획서에 옮겨 적는다.

_____

_____

_____

_____

_____

_____

_____

_____

수익 조건 전략의 예를 들면 다음과 같다.

- 효과적인 예산 관리와 재무 성과를 모니터링함으로써 수익성을 높인다.
- 불필요한 자산을 매각하여 재정 건전성을 강화한다.
- 공인회계사 채용, 효과적인 채권 관리, 재무 교육을 통해 재무 성과를 개선한다.

수익 조건 전략에 대한 추가 정보는 [표 7-3]과 '8. 전략' 마지막 부분에 소개한 전략 아이디어를 참고하기 바란다.

사회적 책임 전략 수립하기

첫째, '예상 결과' 옆에 체크 표시를 하거나 직접 예상 결과를 써 넣는다.

둘째, '~함으로써' 혹은 '~을 통한'을 선택한다.

셋째, '전략적 선택' 옆에 체크 표시를 하거나 직접 전략적 선택을 써 넣는다.

넷째, 아래 빈칸에 전략을 작성한 후 기획서에 옮겨 적는다.

아래 [표 8-9]를 참고하라.

[표 8-9] **사회적 책임 전략 수립의 예**

전략 분야	체크	예상 결과	~함으로써 ~을 통해	체크	전략적 선택
사회적 책임		사회 환원			기부 활동
		지역 활동 강화			후원 활동
		사회 운동에 참여			리더십
		불우이웃 돕기			직원들의 봉사 활동 참여
		(예상 결과 적기)			자원봉사
		(예상 결과 적기)			지역 사회 봉사 활동
		(예상 결과 적기)			(전략적 선택 적기)
		(예상 결과 적기)			(전략적 선택 적기)
		(예상 결과 적기)			(전략적 선택 적기)

사회적 책임 전략을 아래에 작성한 후 기획서에 옮겨 적는다.

사회적 책임 전략의 예를 들면 다음과 같다.

- 후원 활동과 자원봉사 프로그램을 통해 지역 사회에 봉사한다.
- 기부, 봉사 활동 등에 참여한 직원들에게 인센티브를 제공한다.
- 임원들의 비영리 단체, 지역 상공회의소 활동 참여를 독려하여 지역 사회와의 연대를 강화한다.

사회적 책임 전략에 대한 추가 정보는 [표 7-3]과 '8. 전략' 마지막 부분에 소개한 전략 아이디어를 참고하기 바란다.

➡ **저자의 제안** _ 축하합니다! 여기까지 '1시간 기획서'의 83%를 해냈습니다. 주요 이슈에 대해서 더 알고 싶으면 계속 읽고, 지름길을 택하려면 '9. 우선 과제'(184페이지)로 가십시오.

전략 수립에 필요한 아이디어를 활용하라

인적 자원

미국의 건설 회사 맥카운 고든 컨스트럭션McCown Gordon Construction은 획기적인 성장과 우수한 고객 서비스로 수많은 상을 수상했다. 그리고 사업 성장 기획을 수립해 실행한 이후 언론으로부터 '캔자스시티에서 가장 일하기 좋은 직장'으로 5년 연속 선정되기도 했다. 팻 맥카운Pat McCown 회장은 신뢰와 성과 중심의 기업 문화를 만들기 위해 효율적인 직원 채용, 직원의 높은 참여도, 가치관의 공유를 주요 전략으로 선택했다. 맥카운 회장은 무엇보다도 직원 모두가 참여하지 않으면 사업이 성공할 수 없다는 확고한 믿음이 필요하다면서 이렇게 말했다.

"직원들은 자기 아이디어가 받아들여지면 스스로 가치 있는 존재라고 느끼기 때문에 더욱더 적극적으로 회사 일에 참여하게 됩니다. 결과적으로 회사는 더 좋은 의사결정을 하게 되는 것이죠."

맥카운 고든에는 '로드 사인 미스테이크Road Sign Mistakes'라는 제도가 있어서 직원들이 자신들의 실수를 공유하면서 서로 배운다고 한다. 실수에서 교훈을 이끌어내는 것이다. 맥카운 고든의 인적 자원 전략에 대해 맥카운 회장은 이렇게 말한다.

"우리는 항상 리더십이 강한 사람을 프로젝트 매니저로 채용합니다. 맥카운 고든의 고객은 프로젝트를 완성할 수 있는 리더와 함께 일하고 싶어 하기 때문이죠. 회의실 벽에 회사의 가치를 적어서 걸어 놓는 회사들이 있습니다. 또 회사의 가치에 대해 이야기하는 회사도 많습니다. 하지만 맥카운 고든의 가치는 직원들 한 사람 한 사람의 눈에서 읽을 수 있습니다. 바로 이런 이유 때문에 오늘의 성과를 이룰 수 있었다고 생각합니다."

당신이 인적 자원 전략을 기획하고 실행할 때 참고할 수 있는 일곱 가지 아이디어를 소개한다.

● **채용 : 적합한 사람을 채용하는가?** _ 신중하고 철저하게, 그리고 충분한 시간을 들여서 채용을 결정해야 한다. 가능한 과거에 업무를 성공적으로 완수한 경험이 많은 사람을 채용하는 것이 좋다. 과거에 어떤 행동을 했느냐가 앞으로 어떻게 행동할 것인지를 말해 주는 지표일 확률이 높기 때문이다. 성공한 사람의 공통적인 특징인 야심, 지적 능력, 태도 등은 가르쳐서 되는 것이 아니다.

'천천히 채용하고, 빨리 해고하라!'라는 경영계의 격언을 마음에 새겨 두기 바란다.

- **직무 : 직무에 적합한 사람을 배치하는가?** _ 직원의 강점과 열정에 걸맞은 업무를 부여해야 한다. 포수가 유격수 자리에 있고, 투수가 우익수 자리에, 1루수가 투수를 한다고 생각해 보자. 우선 두 가지 문제가 생길 것이다. 첫 번째는 선수들이 야구를 재미없어 할 것이고, 두 번째는 팀이 패배할 것이다. 훌륭한 팀은 팀원들이 서로 보완적이어야 하고, 비전과 사명, 가치와 목표, 그리고 전략을 공유해야 한다.

- **리더십 : 팀을 효과적으로 이끌고 팀원들과 잘 소통하는가?** _ 직원들에게 그들의 업무가 사업을 성장시키는데 어떤 관련이 있는지 알려 주어야 한다. 대부분의 직원들은 자신이 하는 일이 조직에 큰 영향을 미치지 않는다고 생각한다. 훌륭한 리더는 직원들에게 그들이 하는 일이 조직의 비전과 사명을 실현하는데 큰 역할을 한다는 것을 일깨워 주어 자부심과 자신감을 심어 준다.

팀워크 개발과 조직 관리 컨설팅 전문 회사 테이블그룹The Table Group의 회장인 패트릭 랜시오니Patrick Lencioni는 자신의 책 『탁월한 조직을 만드는 4가지 원칙The Four Obsessions of an Extraordinary Executive』에서 리더는 투명한 조직을 만들어야 하고, 그러기 위해서는 완벽한 커뮤니케이션이 이루어져야 한다고 주장했다.

사람들은 기억해야 할 것은 잊어버리고, 잊어버려야 할 것을 기억하는 경향이 있기 때문에 커뮤니케이션은 아무리 강조해도 지나치지 않다.

직원들과의 커뮤니케이션이 원활하면 직원들은 자신이 하는 일이 사업을 성장시키는 큰 그림에서 어떤 역할을 하는지 명확히 이해하게 되며, 일에 대한 의미와 열정을 갖게 된다. 커뮤니케이션은 말하고 듣는 것이다. 대부분의 유능하고 존경받는 리더는 잘 듣는 사람이라는 점을 기억하라.

• **교육 : 직원들에게 교육을 실시하는가?** _ 일을 잘 하려면 필요한 능력을 개발하는 교육을 받아야 한다. 하지만 직원들을 교육시키는데 부정적인 조직도 적지 않다. 예를 들어, 직원이 새로운 기술을 익혀 역량이 강화되면, 더 좋은 조건을 찾아 떠날까봐 걱정하는 것이다. 하지만 더 큰 문제는 교육을 제대로 받지 못해서 능력이 떨어지는 직원이 조직에 계속 남아 있는 것이다.

흔히 관리자들은 직원들이 열의가 없어서 실적이 나쁘다고 말한다. 하지만 직원들은 업무 수행에 필요한 교육을 받지 못해서 실적이 나쁘다고 말한다. 과연 누구의 말이 옳은지 생각해볼 필요가 있다.

• **관리 : 직원들을 효율적으로 관리하는가?** _ 직원들에게 무엇을 얼만큼 기대하는지 정확히 알려 주고, 지속적으로 피드백을

해주어야 한다. 직원들이 만족할 만한 성과를 내지 못하는 주된 원인은 두 가지로 볼 수 있다. 첫째는 자신에게 기대하는 것이 무엇인지 모른다는 것이고, 둘째는 자신이 제대로 하고 있는지 모른다는 것이다.

그렇다고 해서 관리자가 직원이 하는 일에 일일이 간섭하라는 의미는 아니다. 관리자가 해야 할 일은 각각의 직원들이 어떤 책임을 맡고 있는지, 그들이 수행하는 업무가 조직 전체에 어떤 영향을 미치는지, 그리고 그들의 업무 성과에 대해 어떤 기대를 하는지 이해시키는 것이다.

● **인센티브 : 성과를 올린 직원에게 인센티브가 있는가?** _ 인센티브는 의미가 있어야 하고, 결과에 대한 보상이어야 한다. 그리고 무엇보다도 공정해야 한다. 경영컨설턴트인 마이클 르뵈프 Michael LeBoeuf는 자신의 책 『세상에서 가장 위대한 경영 원칙The Greatest Management Principle in the World』에서 사람은 보상을 받을수록 더 높은 성과를 낸다고 강조한다. 누군가가 원한다고 해서, 요구한다고 해서, 사정한다고 해서 성과가 나오는 것이 아니라 지금 하는 일이 자신에게 이익을 가져다 줄 것이라고 기대할 때만 최선을 다하는 것이다. 다시 말해, 직원들은 합당한 이유가 있을 때 자신의 능력을 최대한 발휘한다. 승진, 보너스, 휴가, 회식 등 다양한 인센티브를 생각해 볼 수 있다.

- **인정 : 직원들의 성과를 인정하는가?** _ 성과에 대한 인정은 개인적으로 이루어지고, 의미를 부여할 때 가장 효과가 크다. 직원의 성과를 인정하는 방법으로는 상사가 개인적으로 혹은 공개적으로 성과를 칭찬하거나, 사내 행사 같은 공식적인 자리에서 시상(상장, 상패, 상품권 등)하는 방법, 축하 카드나 편지를 써서 주는 방법, 또는 개인이나 팀의 실적을 차트로 만들어서 사무실에 붙이는 방법 등이 있다.

물적 자원

2002년 여름, 랜디 리드 오토모티브Randy Reed Automotive 자동차 대리점은 사업 성장을 위한 기획을 수립하기로 결정했다. 기획 회의를 거쳐 '지역을 선도하는 자동차의 리더'를 비전으로 정했고, 10년 내에 매장 수를 1개에서 3개로 확장시킨다는 사업 성장 기획을 확정했다. 그로부터 8년이 지난 2010년에 3개 대리점을 개점하는 데 성공했다. 그리고 뷰익-GMC, 쉐보레, 닛산자동차와 대리점 계약을 체결하였고, 환경 친화적인 수성페인트로 마무리한 최신의 충돌 실험 센터까지 건립하면서 마침내 '지역을 선도하는 자동차의 리더'라는 비전을 실현했다. 랜디 사장은 이렇게 말했다.

"고객들은 우리 회사 사람들을 만나기도 전에 이미 우리가 누구인지, 즉 우리의 브랜드 가치를 우리 회사의 물적 자원으로 판단합니다."

이는 물적 자원의 중요성을 강조한 것으로, 랜디 리드 오토모티브의 물적 자원 전략은 다음과 같다.

> **물적 자원** : 새로운 공간, 첨단 기술, 새로운 장비에 대한 투자를 통해 사업을 확장한다.

물적 자원 전략을 수립할 때 참고할 수 있는 네 가지 아이디어를 소개한다.

• **물리적 공간 : 고객이 상품이나 서비스를 체험할 물리적 공간을 제공하는가?** _ 먼저 고객들이 쾌적한 느낌을 가질 수 있도록 건물 보수에 투자하되 '적당' 해야 한다. 건물이 지나치게 호화로우면 돈을 낭비하고 있다는 인상을 줄 위험이 있다.

다음으로는 고객이 상품이나 서비스를 다양하게 경험할 수 있는 인상적인 공간을 창조하는데 투자해야 한다. 고객을 위한 공간을 희생하면서까지 임직원을 위한 물리적 공간에 지나치게 투자하는 것은 경계해야 한다. 월마트 창립자 샘 월튼은 낡은 픽업트럭을 직접 운전하고 다닌 것으로 유명하다. 그는 세계적인 부자였음에도 차를 사는 것보다는 고객에게 투자하는 길을 선택했던 것이다.

- **공간 활용 : 공간을 효율적으로 활용하는가?** _ 고객의 편의를 위해 충분한 공간을 할애하고 나면, 직원들의 사무 공간을 줄여야 할지도 모른다. 그렇다면 더 작은 공간에서 일하면서도 현재의 매출과 수익을 유지할 수 있을까? 비용을 최소화하면서 업무 효율성을 높이려면 직원들과 함께 공간 재배치에 대해 이야기를 나누고, 그들의 솔직한 의견을 들어야 한다. 고객과 거래처, 직원 등 관련된 모든 사람들에게 도움이 되는 공간 구성은 어떠해야 하는지에 대해 생각해 보라.

- **기술 : 비용 대비 효율성이 높은 첨단 기술을 활용하는가?** _ 고객에게 효율적이고 효과적으로 서비스할 수 있는 첨단 기술과 장비를 직원들에게 지원해야 한다. 우리가 살고 있는 세계는 첨단 기술에 의해 움직인다. 완벽하게 작동할 때는 아무도 눈치채지 못하지만, 그렇지 않으면 직원들은 좌절하고, 고객은 불평한다. 직원들이 제대로 일하는데 필요한 첨단 기술과 장비를 제공하면 고객도 만족하고, 직원의 사기도 올라간다.

- **장비 : 적합한 장비를 사용하고 있는가?** _ 장비는 회사 자산이 가장 많이, 그리고 빈번하게 투자되는 물적 자원이다. 따라서 어떤 기술, 어떤 물리적 공간에 어떤 장비가 필요한지를 정확하게 파악하는 것은 매우 중요하다.

고가의 장비를 구입하고도 제대로 사용하지 않아 방치되는 경우도 많으며, 크게 필요하지 않은 장비를 구매하느라 더 시급한 장비의 구입이 늦어지기도 한다.

자본 집중적인 산업에서 일하는 한 경영자가 장비 구입에 대한 자신의 경영철학에 대해 이렇게 말했다.

"장비를 실제로 사용하는 직원을 구매 결정 과정에 참여시킵니다. 그렇게 하면 더 나은 결정을 도출할 수 있고, 담당 직원은 장비를 다루는 데 더욱더 정성을 기울이기 때문입니다."

우리에게 익숙한 페덱스의 경우 사옥을 구입하지 않고 건물을 임대해서 사용하고 있다. 그렇게 해서 확보한 여유 자금으로 신형 비행기를 구입하는 데 투자했다. 고객에게 보다 더 나은 서비스를 제공하는데 필요한 장비 구입에 자금을 투자한 것이다.

재정 자원

피쉬넷 시큐리티FishNet Security의 매출은 창립 초기에 20만 달러였지만, 15년 후에는 3억 달러로 증가했다. 창업자 게리 피쉬는 2005년에 사업을 성장시키기 위한 기획을 수립했고, 바로 그해에 1,200만 달러의 사모펀드를 유치함으로써 '지속적인 성장과 안정'이라는 자신의 비전을 실현시킬 수 있었다. 2006년에는 씨즈워크스 LLCSiegeWorks LLC와 트루 노스 솔루션 커머셜 오퍼레이션즈True North Solutions Commercial Operations를 성공적으로 합병하여 미국에서 가장 큰 보안 솔루션 회사로 성장했다.

또한 2007년에는 1억 달러의 사모펀드를 유치하는 대성공을 거두었다. 게리 피쉬는 투자의 필요성에 대해 이렇게 말했다.

"투자가 필요한 이유는 많습니다. 인재를 채용하고 인프라스트럭처Infrastructure에 투자하는 등 사업을 성장시키기 위해서는 자금이 필요합니다. 사업을 하다 보면 회사의 일부 또는 전체를 매각해야 할 정도로 자금이 급박할 때가 있습니다. 혹은 시장의 판세를 바꿀 만큼 대단한 신사업 아이템이 있어서 그것을 실현할 자금이 필요할 수도 있지요. 이유야 어찌됐든 필요한 자금을 확보할 때 투자를 받거나 융자를 얻어야 합니다. 이때 겨우 사업을 유지할 수 있는 만큼의 이익을 낸다면 선택의 폭이 좁아집니다. 하지만 사업 아이템이 뛰어나거나 경영진이 유능하면 선택의 폭이 넓어지죠."

사업 초창기에 대부분은 가족 또는 친구, 엔젤 투자자 등으로부터 자금을 조달한다. 성장이 빠른 경우에는 은행, 엔젤 투자자, 사모펀드 혹은 벤처캐피탈을 통해 자금을 확보할 수도 있을 것이다. 최근 인터뷰에서 게리 피쉬는 자금 조달에 관한 몇 가지 아이디어를 제안했다. 당신이 재정 자원 전략을 기획하고 실행할 때 참고할 수 있는 다섯 가지 아이디어를 소개한다.

- **은행 : 은행 대출이 가능한가?** _ 은행은 낮은 이율로 자금을 대출해 주지만, 위험성에 관해서는 매우 민감하다.

사업을 하려면 은행과 긴밀한 관계를 유지하는 것이 필수적이다. 하지만 은행은 '좋은 사업 아이템'을 보고 투자하지 않으며, 앞으로 큰돈을 벌 것이라는 당신의 '주장'에도 관심이 없다. 은행 대출의 가장 중요한 기준은 재무 구조와 과거 실적이고, 이것이 확실한 경우에만 투자한다. 은행 대출은 높은 이자를 지불할 필요가 없으며, 경영권을 그대로 유지하면서 동시에 재정 불안을 해소할 수 있다.

- **엔젤 투자자 : 엔젤 투자를 유치할 자격이 되는가?** _ 엔젤 투자자는 투자 회수 기간에 여유를 두는 대신, 투자에 대한 회수금이 높다. 엔젤 투자자는 개인이 자기 책임 하에 투자하는 것으로, 주로 벤처기업의 기술력과 장래성만 보고 무담보로 투자한다. 엔젤 투자자들은 사업이 망하면 투자 자금을 회수 받지 못하기 때문에 자금뿐만 아니라, 자신의 사업 경험과 인맥을 활용해서 투자한 회사에 도움을 주고 싶어 한다. 그래서 나는 엔젤 투자자들의 자금을 '스마트 머니Smart Money'라고 부른다.

엔젤 투자자들은 투자한 회사에 일일이 개입할 시간이 없기 때문에, 경영진의 능력을 투자 여부의 중요한 기준으로 생각한다. 그리고 다른 투자보다도 더 높은 수익률을 기대한다.

- **사모펀드 : 사모펀드를 유치할 만큼 사업이 탄탄한가?** _ 사모투자 전문 회사는 투자자로부터 모은 자금을 운영하는 펀드로, 자산 가치가 저평가된 기업에 자본 참여를 해서 기업 가치를 높인

다음 기업 주식을 되파는 전략을 취한다. 사모펀드의 투자 대상 기업은 경영진이 유능하고, 수익을 내고 있는 회사가 대부분이다. 보통 EBITDA(Earning Before Interest, Taxes, Depreciation and Amortization : 세전, 이자 지급 전 이익)를 기준으로 회사를 평가하는데, 3~5년 사이에 3배로 성장할 수 있는지 여부가 가장 중요하다. 또한 그들은 경영에 관여하고, 사업을 성장시키는데 필요한 자원을 투자한다. 그들에게는 경영진이 사업을 성장시킬 능력과 경험이 있는지에 대한 확신이 매우 중요하다.

• **벤처캐피탈 : 사업의 성격이 벤처캐피탈 투자에 적합한가?** _ 벤처캐피탈 업체가 중심이 돼 기업, 일반인, 금융기관 등 다양한 출처를 통해 투자 자금을 모집하며, 투자할 회사 경영진의 능력이 가장 중요한 투자 기준이다. 또한 필요하다고 판단할 경우에는 자신들의 팀을 투자한 회사에 직접 투입해서 사업을 성장시키기도 한다. 벤처캐피탈은 사모펀드처럼 조직적으로 투자가 이루어지며, 창업 기업에 적합한 투자 형태로서 대규모 자금이 필요한 창업 단계에서 투자하기 때문에, 투자한 회사에게 많은 것을 요구할 수 있다.

• **신용 한도 : 이용이 편리한 신용 한도가 설정되어 있는가?** _ 신용 한도Credit Line는 은행이 일정 기간을 정해 다른 은행 또는 고객에 대해 미리 설정해 둔 신용 공여의 최고 한도다. 이 한도 내

에서 미리 정한 조건에 일치하는 한 수시로 자금을 빌려 쓰고 갚을 수 있다. 현재 이용하기 쉬운 신용 한도가 설정되어 있지 않다면, 최대한 유리한 조건으로 신용 한도를 설정하는 것이 좋다. 신용 한도를 설정해 두면 자금이 필요할 때 전화 한 통으로 해결할 수 있다. 신용 한도는 사업이 잘 되어 자금 여유가 있을 때 설정해야 한다. 회사가 어려울 때 신용 한도를 설정하려면 신용 조건이 불리해질 수밖에 없다.

신용 한도는 회사의 자금 사정이 어려울 때를 대비하는 것이다. 회사가 힘들어지면 여러 문제들이 발생하고, 처리해야 할 문제들도 많아진다. 하지만 신용 한도가 설정되어 있으면, 긴박한 상황에서 자금을 얻기 위한 불필요한 스트레스를 피할 수 있다.

혁신

1990년에 창업한 냉난방, 공조 시스템 시공 전문 회사 '유나이티드 히팅, 쿨링 플러밍United Heating, Cooling and Plumbing'은 5명의 직원으로 그해에 60만 달러의 매출을 올렸다. 2004년, 그들은 사업을 성장시키기 위한 기획을 수립하여 실시했으며, 공동 창업자 중 한 사람인 조 램버트Joe Lambert는 그 효과에 대해 이렇게 설명했다.

"당시에는 사업이 생각만큼 성장하지 못하고 있었는데, 그이유는 설립자 세 사람이 모든 결정을 내리고 있었기 때문이죠.

사업을 성장시키는 기획을 수립하면서 정체된 사업에서 벗어날 수 있었고, 3년 후 우리 사업은 50%나 성장했습니다."

조는 사업의 빠른 성장과 성공 이유를 혁신과 서비스 전략에서 찾았다.

"우리는 사업 방식을 개선하기 위해 계속 노력해 왔고, 3개월마다 사업 혁신을 추진하고 있습니다. 경쟁사들이 금방 우리를 따라하지만, 그럴 때마다 우리는 더 새롭고 더 혁신적인 개선 방법을 찾아냅니다. 예를 들어, 부동산 경기가 침체되었을 때 우리는 서비스 부문을 더욱 강화했습니다. 요즘 사람들은 '그린 무브먼트'에 관심이 높기 때문에, 우리 회사도 고객들을 위해 환경 친화적인 서비스 옵션을 추가했습니다. 어느 사업이든 변화의 중심에 있으면 살아남을 수 있고, 성공할 수 있습니다."

그렇다. 혁신 전략을 수립하고 실행에 옮기기 위해서는 다음과 같은 두 가지 질문에 답할 수 있어야 한다.

- 기존 제품과 서비스를 어떻게 개선할 것인가?
- 새로운 제품과 서비스를 어떻게 개발할 것인가?

현대 경영학의 아버지로 불렸던 피터 드러커는 혁신과 마케팅이 '비즈니스의 기본 전략'이라고 말했다. 즉 기업은 기존의 제품과 서비스를 지속적으로 개선하고, 새로운 제품과 서비스를 지속적으로 개발해서 시장에 내놓아야 한다.

옵티멀 헬스 센터Optimal Health Center의 미션은 '모든 환자가 최상의 건강을 회복하도록 돕는다'는 것이다. 스티브 그래드올 Steve Gradwohl 회장은 새로운 제품과 서비스 개발에 대해 이렇게 설명했다.

"우리는 항상 미션을 실현할 새롭고 비용 효율이 높은 방법을 찾고 있습니다. 최근에 레이저로 상처를 치료하는 혁신적인 치료법을 개발했습니다. 이 레이저는 효과가 빠르고 비용을 절감할 수 있는 효율적인 치료법입니다. 실패를 두려워해서는 안 됩니다. 우리는 신제품과 서비스를 개발할 때 지식과 경험을 바탕으로 최선의 결정을 내립니다. 하지만 그 결정이 효과적이지 못하다고 판단하면, 그 실수를 바탕으로 또 다른 결정을 내립니다. 우리는 고객을 위해 존재합니다. 변하지 않는 것은 변화뿐입니다. 계속해서 적응하지 못하면 사업을 성장시킬 수 없습니다."

1804년에 프랑스 경제학자 J. B. 세이J. B. Say는 "기업가는 생산성이 낮은 분야의 경제적 자원을 생산성이 높은 분야로 이동시켜 결과를 도출하는 사람이다."라고 정의했고, 피터 드러커는 혁신에 대한 정의를 세이가 정의한 기업가 정신으로 대신할 수 있다고 강조했다.

혁신 없이는 어떤 비즈니스도 살아남지 못한다는 점을 마음에 새겨 두기 바란다.

마케팅과 영업

앞에서 소개했던 부동산 경매 회사 윌슨 옥셔니어가 '아칸소 주 최고의 부동산 경매 회사'라는 비전을 정한 뒤, 비전을 실현시킬 방법으로 선택한 주요 전략은 마케팅이었다. 그들이 선택한 마케팅 전략의 핵심은 '리브랜딩, 텔레비전 광고, 선택적 판매를 통해 수준 높은 부동산 경매 서비스를 제공한다'는 것이었다.

이러한 전략을 실행에 옮긴 결과, 그해의 평균 판매액은 8만 달러에서 20만 달러로 증가했다. 부동산 거래 건수를 줄이는 대신 규모가 큰 부동산을 거래함으로써 매출을 2배로 증가시켰던 것이다. 자신들이 열정을 가지고 있고, 자신들이 잘 하는 일에 집중한 덕분이다. 다시 말해 자신의 강점과 열정이 매출로 이어졌던 것이다.

마케팅은 잠재 고객이 당신에게 손을 내밀게 하는 작업이고, 영업은 잠재 고객을 고객으로 바꾸는 작업이다. 마케팅과 영업은 고객이 당신의 제품(서비스)을 구매하면 욕구가 충족될 것이라는 기대감을 만들어내는 데 집중한다. 그러한 '기대감'이 바로 브랜드이고, 기업이 고객에게 제안하는 약속이다.

마케팅과 영업의 핵심 목표는 다음과 같다.

- 기존 고객이 기존 제품을 더 구매하도록 만든다.

- 기존 고객이 신제품을 구매하도록 만든다.
- 신규 고객이 기존 제품을 구매하도록 만든다.
- 신규 고객이 신제품을 구매하도록 만든다.

마케팅과 영업 전략을 기획하고 실행할 때 참고할 수 있는 여섯 가지 아이디어를 소개한다.

- **고객 설정 : 우리의 이상적인 고객은 누구인가?** _ 이상적인 고객의 특징을 상세하게 적는다. 모든 사업의 마케팅은 다음과 같은 세 가지 질문에 답하는 것에서 출발한다.

1. 고객은 누구인가?
2. 고객에게 어떤 가치를 제공할 것인가?
3. 가치를 어떤 방식으로 전달할 것인가?

'이상적인 고객은 누구인가?' 우리 회사의 경우, 이상적인 고객은 경영자와 경영 리더들이다. 이들은 조직의 효율성을 높이고, 사업 철학을 공유하고, 성장을 열망하는 사람들이다. 따라서 우리는 마케팅과 영업력이 이들에게 미치도록 집중한다.

대부분의 조직은 비즈니스를 함으로써 1차 고객의 삶을 개선시키고, 2차 고객의 욕구도 충족시켜야 한다. 우리의 경우 1차 고객은 경영자들이고, 2차 고객은 그 경영자들과 일하는 직원들이다.

- **고객의 욕구 이해하기 : 고객이 원하는 것은 무엇인가?** _ 고객의 욕구와 그들이 필요로 하는 것을 이해하기 위해 과거, 현재, 미래의 고객과 직접 대화해야 한다.

피터 드러커는 대학에서 강의를 하며 말년을 보냈는데, 자신의 고객인 학생들의 욕구를 이해하기 위해 많은 노력을 기울였다. 그는 매년 10년 전에 강의를 들었던 50~60명의 졸업생들에게 직접 전화를 걸어 '자신의 강의가 학생의 인생에 어떤 도움을 주었는지, 현재까지 도움이 되고 있는 것은 무엇인지, 어떤 점을 개선해야 하는지, 무엇을 그만 두어야 하는지'를 물었다고 한다.

- **데이터베이스 관리 : 고객 데이터베이스를 가지고 있는가?** _ 정확하고, 효율적이고, 효과적인 데이터베이스를 구축해야 한다. 고객과 잠재 고객의 데이터는 조직의 가장 중요한 자산이다. 그래서 고객 및 잠재 고객과의 상담, 거래 내역 등을 데이터로 만들어 보관하는 것은 매우 중요하다.

판매와 서비스 내역을 데이터베이스로 만들면 소비자의 구매 행태를 파악할 수 있고, 고객의 욕구에 맞는 제품과 서비스를 주도적으로 제공할 수 있다.

- **마케팅 메시지 : 브랜드가 약속하는 것은 무엇인가?** _ 직원들은 '브랜드의 약속'을 행동으로 보여주고, 말로 표현할 줄 알아

야 한다. 자신의 제품 또는 서비스가 그것을 구매하는 고객에게 어떤 가치를 제공할 것인지를 말해 주는 가치 제안은 여러 면에서 미션과 유사하다. 예를 들어, 리츠 칼튼 호텔의 미션은 '숙녀와 신사를 모시는 숙녀와 신사'이다. 이것이 바로 리츠 칼튼 호텔이 고객의 욕구를 만족시키기 위해 만든 약속이며, 충족시켜야 하는 약속이다.

고객에 대한 브랜드의 약속은 경쟁에서 차별화시켜 줄 뿐만 아니라, 고객의 충성도를 높여 준다.

• **마케팅 커뮤니케이션 : 어떤 커뮤니케이션 채널을 활용하고, 얼마나 자주 소통하는가?** _ 기존의 고객 및 잠재 고객과 효과적으로 커뮤니케이션할 수 있는 시스템을 개발해야 한다. 일단 마케팅 메시지를 결정하면 고객과 잠재 고객에게 메시지를 전달하는 가장 효과적인 방법을 찾아야 한다. 이 방법은 다이렉트 마켓과 매스 마켓 두 시장을 모두 고려해야 한다. 다이렉트 커뮤니케이션 방법으로는 대상 고객이 누구인지 정확하게 아는 이메일, 우편, 소셜 미디어, 텔레마케팅이 있다. 매스 마켓의 경우는 불특정 다수를 대상으로 하는 웹사이트, 잡지, 신문, TV, 라디오 등을 들 수 있다. 다양한 커뮤니케이션 도구를 통해 잠재 고객에게 자주 노출될 수 있도록 해야 한다.

• **욕구 중심 판매 : 고객의 욕구에 맞춰 판매하는가?** _ 영업과 서

비스 직원이 욕구 중심의 판매 기술을 활용하도록 해야 한다. 우리가 고객의 욕구를 이해하지 못하면 경쟁자가 나설 것이다. 그렇기 때문에 영업과 서비스 직원들이 고객의 소리에 귀를 기울이고, 고객의 욕구에 반응하도록 교육하는 것이 매우 중요하다. 직원이 고객의 소리를 듣지 않으면 고객이 원하는 제품과 서비스를 제안할 수 없는 것은 당연하다.

사람들은 자신이 원하는 것을 구매한다. 그래서 우리가 그것을 제공하지 못하면 고객은 다른 곳에서 찾을 것이다. 욕구 중심 판매는 자신이 아니라, 남을 먼저 생각하는 자세에서 나온다.

생산성 및 배송 품질

엔지니어링 컨설팅 회사인 WGK 엔지니어&서베이어WGK Engineers & Surveyors의 비전은 '최고의 서비스로 고객을 성공으로 이끄는 회사'이다. WGK는 회사와 직원들이 기업 윤리를 지키고, 고객의 욕구에 적극적으로 대응하며, 서로의 발전을 격려하고, 업무 프로세스를 개선하기 위해 꾸준히 노력한 덕분으로 지속적인 성장을 거듭하고 있다.

WGK는 사업을 성장시키기 위한 기획을 수립할 때 청구서 발부 시스템, 프로젝트 관리, 예산 수립, 설문 조사, 경영 관리, 인사 관리를 개선하는 전략에 집중했다. 설립자 중 한 사람인 제프 나이트는 이렇게 말한다.

"사업을 성장시키기 위한 기획을 수립하고 실행한 뒤 1년 만에 매출이 400% 증가했습니다. 옳은 사람들과 옳은 방법으로 옳은 일을 하면 모든 것이 달라집니다."

생산성 및 배송 품질 전략을 기획하고 실행할 때 참고할 수있는 다섯 가지 아이디어를 소개한다.

- **성과 기준 : 성과 기준을 세우고 모니터링하는가?**_ 개인과 팀의 업무 실적이 조직의 가치와 성과 기준에 부응하는지를 지속적으로 평가하고 모니터링해야 한다. 그리고 조직 전반에 걸쳐 업무 성과에 대해 피드백을 해주는 것이 매우 중요하다.

성과 기준은 사업과 업무의 성격, 조직의 규모에 따라 다양하며, 안전 수칙 준수, 품질 기준 준수, 예산 준수, 규제 준수, 기한 준수, 업무 정확도 등이 포함될 수 있다.

성과 기준을 초과해 달성한 경우에는 반드시 긍정적인 피드백을 주고, 성과 기준에 미치지 못하는 경우에는 개선을 위한 객관적이고 실제적인 조언을 해주어야 한다.

- **업무 흐름 시스템 : 업무 흐름을 재정비하고, 개선하는 시스템이 있는가?**_ 다음과 같은 두 가지 질문에 답해 보자.

'우리가 옳은 일을 하고 있는가?'

'일을 올바르게 수행하고 있는가?'

먼저 조직의 전반적인 업무 흐름을 분석하고, 사업의 비전을 실현하는데 올바른 활동을 하고 있는지, 시간을 낭비하고 있지는 않은지를 지속적으로 확인하면서 업무 흐름을 개선하는 노력을 기울여야 한다.

조직의 업무 흐름이 원활하지 못하면, 사업을 추진하는 과정에서 지속적으로 병목현상이 발생한다. 이런 조직은 기회가 왔을 때 전속력으로 달려 나갈 수 없기 때문에 다음 단계로 뛰어오르지 못한다.

시스템 개선 전문가인 W. 에드워드 데밍W. Edward Deming은 이렇게 말한다.

"자신이 지금 하는 일을 업무 흐름상에서 설명하지 못하면, 지금 무엇을 하고 있는지를 모르는 것과 같다."

조직의 업무 흐름을 개선하는 작업에 직원들을 적극적으로 참여시키면, 직원들의 업무 효율성을 극대화할 수 있다.

● **프로세스 이해도 : 직원들이 업무 프로세스를 이해하는가?** _ 모든 사업에는 시작부터 끝까지 각자가 해야 할 업무 단계가 있다. 이처럼 매일매일 수행해야 하는 각 단계의 업무가 프로세스이다.

직원들이 각자 자신이 맡은 업무 프로세스의 이해도를 높이려면 업무 프로세스 시템을 만들어야 한다. 그리고 시스템을 만들려면 업무에 대해 가장 잘 아는 실무자들을 참여시켜야 한다.

시스템 안에서 일하다 보면 더 나은 시스템을 개발하게 된다. 더 나은 시스템을 만들기 위한 코칭만 제대로 이루어진다면, 실무자와 함께 만든 시스템은 더 효과적으로 작동한다.

제대로 된 시스템을 갖게 되면 생산성이 높아지고, 비용을 절감할 수 있으며, 수익이 증가하여 회사의 가치가 오르며, 직원 모두에게 고용 안전을 보장할 수 있다.

- **고객 서비스 : 고객 서비스에 집중하는가?** _ 답은 간단하다. 고객을 도와라. 고객의 문제에 귀를 기울이고 해결하라. 새로운 고객을 찾으려면 기존의 고객을 유지하는 것보다 10배나 더 큰 비용을 지불해야 한다. 고객 서비스가 어떠한가에 따라 평생을 함께하는 고객을 만들 수도 있고, 고객뿐만 아니라 고객의 친구 4~5명을 한꺼번에 잃을 수도 있다.

제너럴 모터스는 쉐보레 자동차를 구매한지 수년이 지난 고객들을 대상으로 설문 조사를 실시했다. '지금보다 좋은 옵션의 자동차를 저렴한 가격에 제공하면 바꾸시겠습니까?'라는 질문에 충성 고객 중 85%가 바꾸겠다고 답했고, 5%는 바꾸지 않겠다고 답했으며, 나머지 10%는 모르겠다고 답했다. 놀라운 것은 바꾸지 않겠다고 응답한 5%는 그 이유가 '고객 서비스가 좋아서'라고 답했으며, 제품의 품질과는 큰 관련이 없었다.

고객 서비스가 시스템화 되면 효율적이긴 하지만, 고객의 요구와 상황에 따라 유동적으로 대응할 수 있어야 한다. 틀에 맞춘 서비스로는 다양한 고객의 요구를 만족시킬 수 없다.

• 배송 품질 만족도 : 배송 품질 만족도를 체크하는가? _ 물어보고 행동하라. 비즈니스 전략가인 아리 디게우스Arie DeGeus는 "경쟁사보다 더 빨리 배우는 능력이야말로 지속적인 경쟁 우위를 유지하는 유일한 방법이다."라고 강조했다. 고객의 배송 품질 만족도 체크는 고객과 직원 모두로부터 배송 프로세스의 개선점을 확인할 수 있는 가장 좋은 도구다.

고객으로부터 피드백을 듣는 것만으로는 충분하지 않다. 피드백을 바탕으로 행동을 취하는 것이 더 중요하다. 행동을 취하기 전에 먼저 올바른 질문을 해야 하고, 그 답을 새겨들어야 한다. 단지 질문하는 것만으로도 고객이 회사의 제품 또는 서비스에 대해 더 좋은 경험을 하는 방법을 찾을 수 있다. 그리고 대부분은 그 제안이 복잡하지 않다는 것이다. '잘 된 것은 무엇인가?'라는 질문의 대답은 계속 수행하고, '무엇이 잘못되었는가?'라는 질문의 대답은 즉시 고치고, '개선해야 할 점은 무엇인가?'라는 질문의 대답에는 더 잘할 수 있는 방법을 찾으면 된다.

수익 조건

"수익은 사업의 정당한 목적이 아니다. 정당한 사업의 목적은 사람에게 필요한 제품과 서비스를 제공하는 것이고, 그것을 제대로 수행했을 때 수익이 생긴다."

– 제임스 라우즈James Rouse, 기업가, 사회사업가

"사업의 수익은 당신의 제품과 서비스가 좋다고 입소문을 내고, 친구들에게도 당신의 제품과 서비스를 추천하는 충성 고객에게서 나온다."

– W. 에드워드 데밍W. Edwards Deming, 작가, 강연가, 컨설턴트

"수익을 내지 못하는 사람들과 일하고 싶지 않다. 왜냐하면 그들은 최고의 서비스를 제공하지 않기 때문이다."

– 리차드 바크Richard Bach, 작가

비즈니스에서 투자한 이상의 수익을 내야 하는 것은 너무나 당연하다. 캐리 서머스Cary Summers는 애버크롬비&피치Abercrombie & Fitch, 배스 프로 숍Bass Pro Shops과 실버 달러 시티Silver Dollar City를 경영했으며, 현재는 니히미아 그룹Nehemiah Group에서 전 세계 테마공원 프로젝트 관련 컨설팅을 하고 있다. 그는 기업의 수익 조건 전략에 대해 이렇게 지적한다.

"기업의 재무적 성과는 오직 투자 수익률만으로 평가됩니다.

어떤 회사라도 수익을 내야 합니다. 그런데 많은 경영자들이 수익을 내는 일에 크게 신경 쓰지 않는 경향이 있습니다."

투자 수익률(ROI, Return of Investment)은 만고불변의 원칙이다. 누구나 투자에 대한 수익을 기대하고, 이는 모든 종류의 투자에 적용된다. 내가 여기서 일한다면 투자 수익률은 어떻게 될 것인가? 내가 이 사람과 관계를 맺으면 투자 수익률은 얼마나 될 것인가? 내가 이 기업에 투자하면 수익률은 어떻게 될 것인가?

수익은 적어도 아래 세 가지의 유용성이 있다.

1. 수익은 사업 실적을 평가한다. 전년에 비해, 경쟁 업체에 비해 얼마나 사업을 잘하고 있는지를 알려 준다.
2. 수익은 혁신과 성장을 지속할 수 있는 자본을 제공한다.
3. 수익은 지속적인 사업 운영을 위해 필요하다. 매년 수익이 날 수는 없기 때문에, 보유 자산이 있으면 사업이 어려워지더라도 외부에서 자금을 끌어들일 필요가 없다.

수익 조건 전략을 기획하고 실행할 때 참고할 수 있는 다섯 가지 아이디어를 소개한다.

● **재무 플랜 : 매년 재무 플랜을 세우는가?** _ 만약 사업을 성장시키기 위한 명확한 재무 플랜이 없다면, 지금 당장 재무 플랜을 세워야 한다. 필요하다면 외부의 도움을 구하는 것도 좋은 방법이다. 재무에 관한 지식과 이해도를 높이고, 잘 활용하는 것은

수익 경영을 하는데 필수적이다. 재무 플랜은 기본적인 세 가지 재무제표(손익 계산서, 대차대조표, 현금 흐름 보고서)를 포함한다.

정기적으로 재무 플랜을 수립하여 재정 상황을 예측하고, 모니터링을 해야 한다. 억만장자이며 사회사업가인 유잉 코프만은 재무 플랜을 수립할 때, 다음과 같은 서로 다른 세 가지 시나리오를 준비한다고 한다.

1. 확실한 : 최소 기대치, 최악의 경우를 준비
2. 아마도 : 현실적 기대치
3. 가능한 : 희망적 기대치. 최상의 경우를 준비

예산 수립시 위와 같이 비상 계획을 함께 세우면 모든 경우의 수에 능동적으로 대응할 수 있다.

● **확실한 재무 관리 : 유능한 재무팀과 일하는가?** _ 조직의 자금, 회계, 세무 등의 업무를 담당하는 재무팀의 역량을 강화하라. 만약 내부에 재무팀이 없으면 외부의 재무 전문가에게 도움을 받아야 한다. 사업 규모가 커지면 모든 것이 복잡해진다. 재정 상태가 감당할 수 없을 정도로 복잡해져 사업적 판단이 어려울 정도가 되기 전에 유능한 재무 전문가의 도움이 필요하다. 이는 사업을 성장시키기 위한 필수적인 투자이지 지출이 아니다.

● **은행과의 파트너십 : 믿을 만한 은행과 파트너십을 유지하는가?**
_ 믿을 만한 은행과 긴밀한 파트너십을 맺어야 한다. 경기 흐름에 관계없이 거래 은행과 긴밀한 관계를 유지하는 것은 매우 중요하다. 은행의 유능하고 경험 많은 직원과 좋은 관계를 유지하면서 회사에 대한 이해도를 높여 놓으면, 회사에서 자금을 필요로 할 때 힘이 되어 줄 수 있다.

● **외상 매입금과 외상 매출금 : 외상 매입·매출금 계정을 관리하는 시스템이 있는가?** _ 외상 매입금Accounts Payable과 외상 매출금Accounts Receivable을 철저하게 관리해서 제때 맞춰 지급과 수금이 진행되도록 해야 한다. 이는 건전한 재무 구조와 회사의 신용을 유지하기 위해서 반드시 지켜야 할 규칙이다. 정직과 정도는 사업의 사활이 걸린 중요한 가치다. 약속된 시간에 지급 이행을 하는 것은 그 가치를 실천하는 것이고, 거래처와 더 깊은 신뢰를 쌓는 것이다. 사업 규모가 커질수록 현금 유동성이 가장 큰 과제로 떠오르기 때문에 외상 매출금 계정을 효과적으로 관리하는 것 역시 매우 중요하다.

● **재무 이해 : 직원들이 조직의 재무 상황을 알고 있는가?** _ 직원들이 조직의 재무 상황을 알게 되면 자신이 수행하는 업무에 더 큰 책임감을 갖게 된다.
　미용치과 전문 센터인 코스메틱 덴티스트리 센터Center for

Cosmetic Dentistry는 사업 성장을 위한 기획을 수립하면서 '한 번 웃을 때마다 달라지는 인생'을 회사의 미션으로 정했다. 그리고 CEO인 그렉 레이몬드Gregg Raymond 박사는 회사의 재무 상황을 직원들에게 공개하는 대담한 결정을 내렸다.

"두려운 결정이었습니다. 그런데 막상 회사의 열악한 재무 상황에 놀란 직원들이 회사를 살려야 한다는 강한 의지를 보여 주어서 무척 감동받았습니다. 제가 재무 정보를 직원들과 공유하고, 투명하게 운영함으로써 회사와 직원 사이에 신뢰가 생겼습니다. 목표와 성과에 대해 조금 더 깊이 있는 커뮤니케이션을 할 수 있었습니다."

직원들에게 조직의 재무 상황을 이해시키는 과정에서 지속적으로 수익을 내면서 성장하기 위해 무엇이 필요한지에 대한 이해도 또한 높일 수 있다.

사회적 책임

로저스 스트릭랜드Rogers Strickland는 스트릭랜드 컨스트럭션 Strickland Construction, 애틱 스토리지Attic Storage, 스트릭랜드 팜 즈Strickland Farms를 소유하고 있는 기업인이다. 스트릭랜드는 사업 초기부터 다양한 자선단체에 기부하고, 봉사활동을 해왔다. 현재 전 세계에 55개 고아원, 교회, 지역 커뮤니티 센터를 위해 자선 활동을 하고 있다. 2007년 캔자스 주 그린스버그에

토네이도가 발생했을 때, 로저스는 피해자들에게 음식과 생필품을 제공하기도 했다. 그는 기업의 사회적 책임에 대해 이렇게 말했다.

"수많은 사람들이 신뢰해 주기 때문에 사업이 성공할 수 있는 겁니다. 따라서 성공한 기업이 기부를 하는 것은 당연한 행동입니다. 많이 받은 만큼 많이 나누어야 합니다."

사회적 책임 전략을 기획하고 실행할 때 참고할 수 있는 네 가지 아이디어를 소개한다.

• **기부 : 물질적 또는 비물질적 기부를 하는가?** _ 주어라. 그러면 받을 것이다. 대부분의 명망 있는 비즈니스 리더들은 나눔을 실천하는 사람들이다. 그들은 무엇보다도 사람과 사회를 변화시키는 일에 열정을 가지고 있다. 그들은 나누면서 얻는 기쁨을 잘 알고 있기 때문에 주는 것에 비해 오히려 얻는 것이 더 많다고 말한다.

주는 입장에서는 큰 비용이 들지 않지만, 받는 쪽의 입장에서는 매우 값어치가 있는 상품이나 서비스를 기부함으로써 큰 레버리지 효과를 얻을 수도 있다.

• **후원 : 자선단체를 후원하는가?** _ 요즘은 자선단체에 돈을 기부하는 것에 그치지 않고 시간과 노력을 투자하며 직접 참여하는 추세가 늘고 있다. 지난 20년 동안 기부에 대한 인식이 '수표

를 써 주는' 것에서 '자선 사업에 직접 참여할 수 있으면 수표를 써 주는' 것으로 바뀌었다고 할 수 있다.

한 가지 주의해야 할 점은 자선단체는 일반적인 비즈니스와 다른 방식으로 운영된다는 것이다. 이 단체들은 영리를 추구하지 않으며, 전혀 다른 문화를 가지고 있고, 의사결정도 다른 방식으로 이루어진다. 일하는 사람들의 성격, 의사결정의 속도, 실행에 옮기는 방법 등이 다르다. 그렇기 때문에 자선단체와 일할 때는 이런 차이에 대해 마음의 준비를 해야 한다. 물론 자선단체의 문화에 변화를 줄 수도 있겠지만, 그들을 충분히 이해하고 존중하려는 태도가 중요하다.

• 리더십 : 지역 사회를 위해 리더십을 발휘하는가? _ 시간, 리더십, 사회에 공헌하고자 하는 열정이 있으면 자신의 리더십을 필요로 하는 지역 단체를 후원하는 것이 바람직하다. 비영리단체는 리더를 길러내는 비즈니스 조직과 달라서 리더십을 필요로 하는 곳이 많다. 리더십을 발휘해서 비영리 단체의 목표를 달성하는데 도움을 줄 수 있고, 그 과정에서 지역 단체의 역량도 올라간다.

• 직원 참여 : 직원들이 봉사활동에 참여하는가? _ 직원들의 봉사활동을 적극 권장하고 격려해야 한다. 잭 스택 바비큐 사의 케이스 도어먼Case Dorman 사장은 기업의 봉사활동에 대해 이렇

게 말한다.

"받는 것보다 주는 것이 행복하다는 사실도 배우고, 리더십을 키울 수 있기 때문에 직원들을 봉사활동에 적극적으로 참여시키는 것이 좋습니다. 또한 직원들은 봉사활동을 통해서 자신들이 사회에 미치는 영향을 깨닫게 됩니다. 해마다 연말이 되면 한 해 동안 우리가 실시했던 자선활동을 뉴스레터로 만들어서 직원들에게 발송합니다. 뉴스레터에는 우리가 도움을 준 단체 이름과 기부한 금액, 봉사활동 내용에 대한 정보가 들어 있습니다. 그렇게 하는 이유는 직원들이 사회에 환원하는 조직의 일원이라는 사실에 자부심을 갖도록 하려는 것입니다."

9

우선 과제

: 누가, 무엇을 언제까지 할 것인가? _ (사용 시간 : 10분)

"중요한 것은 스케줄에 적혀 있는 업무에 우선순위를 매기는 것이
아니라, 우선순위가 높은 업무를 스케줄에 적는 것이다."

– 스티븐 코비, 작가

"시간을 관리하지 말고, 우선 과제를 관리하라."

– 데니스 웨이틀리Denis Waitley, 작가

우선 과제는 각자가 달성해야 할 구체적인 과제이다. 우선 과
제는 매우 중요하지만, 대부분 긴급하지는 않다. 달성해야 할
목표, 해결해야 할 문제, 개발시켜야 하는 능력 등이 우선 과제
가 된다.

우선 과제의 놀라운 힘

다이렉트 마케팅 회사인 Z3 그래픽스의 미션 선언문은 '우리의 고객이 더 많은 고객을 찾을 수 있도록 돕는다'이고, 전략은 '고성과 팀 구축, 업무 효율성 개선, 수익 향상'이다.

Z3 그래픽스의 고객 서비스 담당 매니저인 드니즈는 고객 만족과 관련된 우선 과제의 실행을 책임지고 있으며, 매우 꼼꼼하고 복잡한 문제도 깨끗하게 정리하는 유능한 직원이다. 드니즈는 CEO인 캘리 쉔Kelly Schoen, 경영진과 함께 우선 과제를 성공으로 이끌었다. 첫 3개월 만에 지난 2년 동안 이루었던 실적보다 더 큰 실적을 달성한 것이다. 캘리 쉔은 우선 과제의 중요성에 대해 이렇게 강조했다.

"매월 한자리에 모여 그동안 우리가 달성한 성과를 축하하고, 그 다음 우선 과제를 정합니다. 매달 우선 과제를 정해서 달성하고, 축하하는 사이클이 사업 성공을 이끌었던 것입니다."

최근 드니즈는 지난 14개월 동안 47개의 중요 우선 과제를 달성했다고 보고했다.

왜 우선 과제가 필요한가?

우선 과제는 사업 성장을 위한 기획 과정에서 빠져서는 안 될 주요 요소이다. 우선 과제는 다음과 같은 역할을 한다.

- 주요 과제를 달성하는 데 집중하게 만든다.
- 경쟁력을 높이는 기회가 된다.
- 조직의 문제를 해결한다.

우선 과제를 어떻게 정할 것인가?

기획서를 작성할 때, 우선 과제를 효과적으로 정할 수 있는 네 가지 방법을 소개한다.

첫째, 우선 과제의 담당자를 정하라 _ 담당자가 모든 일을 한다는 의미가 아니다. 담당자는 일이 제대로 진행되고 있는지 총체적으로 점검하고 감독한다.

둘째, 업무 마감 기한을 명시하라 _ 성과 중심의 조직 문화를 만들기 위해서는 업무 마감 기한이 있어야 한다. 마감 기한이 없으면 우선적으로 해야 일을 정할 수 없고, 업무 담당자의 책임감도 떨어지게 된다. 업무 마감 기한을 정하는 작은 행위 하나로도 평범한 조직을 비범한 조직으로 변화시킬 수 있다.

셋째, 평가하거나 관찰할 수 있게 하라 _ 우선 과제가 어떻게 완수되는지 알 수 없다면 명확하게 정의되었다고 할 수 없다. 예를 들어, 우선 과제가 '제안서 작성'이면 과제의 완료 여부를 명확히 알 수 있다. 하지만 '검토하다'라고 쓰면 과연 과제를 제대로 수행했는지 알 수 없다. 우선 과제가 완료되는 방식이 명확해야 업무 진행 상황을 제대로 파악할 수 있다.

넷째, 명확한 동사를 사용하라 _ 동사를 사용하여 표현하는 것이 매우 중요하다. 특히 '연구하다', '관리하다', '도와주다' 같은 표현처럼 업무 완료 상황을 확인하기 애매한 단어 대신 '끝내다', '완료하다', '보고하다' 같은 명확한 동사를 사용해서 작성하는 것이 좋다.

[표 9-1] **우선 과제 정하기**(예시)

담당자 선정	기한 지정	평가 및 관찰	명확한 동사
멜리사	5월 24일까지	신임 영업사원	채용하다
빌리	5월 12일까지	웹사이트	업그레이드하다
안드레아	11월 25일까지	직원 봉사의 날	스케줄을 확정하다

[표 9-2] **명확하고 평가 가능한 우선 과제(예시)**

불명확하고 평가 불가능	명확하고 평가 가능
3월 31까지 다이렉트 메일 캠페인 실시	3월 31까지 다이렉트 메일 수신율 10% 향상
다음 회계연도를 위한 신제품 연구	11월 12일까지 신제품 제안서 경영진에게 보고
12월에 가전제품 전시회 출장	1월 31일 팀 미팅 때 가전제품 전시회 출장 보고

➡ **저자의 제안** _ 축하합니다! 여기까지 '1시간 기획서'를 100% 해냈습니다. 중요 이슈에 대해서 더 알고 싶으면 계속 읽고, 액션 플랜을 수립하려면 '10. 액션 플랜'(196페이지)으로 가십시오.

[연습 3-2] 우선 과제 정하기

아래 예시한 표에 앞으로 30일 내에 완료해야 할 우선 과제 3~5개를 적은 후, 기획서에 옮겨 적는다. 7장 [표 7-3]에서 우선 과제의 예를 참조할 수 있다.

1. 담당자 선정	2. 기한 지정	3. 평가 및 관찰	4. 명확한 동사

효율적인 시간 관리

사람이 살면서 하는 모든 일은 '중요하고 급한 일', '중요하지만 급하지 않은 일', '중요하지 않지만 급한 일', '중요하지도 급하지도 않은 일'의 네 가지로 구분할 수 있다. 우리가 하는 행동이 우리의 비전, 미션, 가치, 목표, 전략에 도움을 주는 것이라면 중요한 것이고, 그렇지 않으면 중요한 것이 아니다. 그리고 시간의 제한이 있다면 급한 것이고, 그렇지 않다면 급하지 않은 것이다.

[표 9-3]의 시간 관리 매트릭스는 시간을 효율적으로 사용하는데 도움을 준다.

[표 9-3] 시간 관리 매트릭스

	급한 일(시간제한)	급하지 않은 일(시간제한 없음)
중요함	1. 즉시 끝내야 하는 일이다	2. 영향력이 큰 일로 우선 과제에 속한다.
중요하지 않음	3. 급한 일과 중요한 일을 혼동하면 안 된다. 여기에 속한 일은 최소화해야 한다.	4. 여기에 속한 일을 처리하는 것은 시간 낭비일 뿐이다. 무조건 피해야 한다.

1번 칸은 중요하고 급한 업무다. 중요 고객이 급하게 뭔가를 요구한다거나 회사의 서버가 다운되었다거나 마감이 임박한 프로젝트 등이 그런 업무다. 1번 칸의 업무는 즉시 진행되어야 한다.

2번 칸은 중요하지만 급하지 않은 업무다. 직장과 개인 생활의 질을 개선하는 모든 일이 2번에 속한다. 인간관계를 가꾸고 자기개발을 하고, 새로운 기회를 준비하고, 부하직원의 역량을 키워 주고, 문제를 예상해서 미리 대비하고, 새로운 계획을 세우는 업무 등이다.

3번 칸은 중요하지는 않지만 급한 업무다. 급하기 때문에 중요하다고 착각할 수 있는 업무들로, 차라리 그 시간에 다른 중요한 일을 끝내는 것이 더 현명하다. 비전과 미션, 가치와 목표를 실현하는데 도움이 되지 않는 이메일 확인, 전화 걸기, 형식적인 회의는 꼭 필요한 업무라고 할 수 없다.

4번 칸은 중요하지도 않고 급하지도 않은 일이다. 업무 시간에 인터넷 서핑을 하는 것처럼 귀한 시간을 낭비하는 일일 뿐이다. 시간을 낭비하거나 업무와 상관없는 일이 4번 칸에 속한다.

대부분의 사람들이 업무 시간의 절반 이상을 3번이나 4번 일을 하며 보낸다는 사실에 놀라지 않을 수 없다. 사업적으로 성공하고, 개인적으로 꿈꾸는 삶을 영위하려면 중요한 일에 집중할 줄 알아야 한다.

일단 사업 성장을 위한 기획을 수립하면 자신과 조직이 앞으로 힘차게 뛰어나갈 수 있는 출발선에 선 셈이다. 이제 중요한 일이 무엇인지를 정해야 한다.

나는 1990년대에 프랭클린 코비 컴퍼니에서 시니어 컨설턴트로 일하면서 소중한 경험을 많이 쌓았다. 그곳에서 10년 가까이 일하는 동안, 성공을 가져다주는 습관과 효율성을 기를 수 있도록 많은 사람들에게 도움을 주었다. 스티븐 코비는 시간 관리를 잘하는 최상의 방법은 주간 단위로 계획을 짜는 것이라고 했다. 그 주가 시작되기 전에 주간 계획을 세우는 것이다. 마찬가지로 '1시간 기획서'를 활용하면 자신과 회사가 성장할 수 있는 기획을 수립하는데 큰 힘을 얻을 것이다. 기획서 작성을 시작하기도 전에 말이다.

우선 과제를 정하지 않으면 어떤 일이 생길까?

언젠가 장기간의 해외 출장을 마치고 캔자스시티에 있는 사무실로 돌아오니, 시차 때문에 피로가 밀려왔다. 그런데 책상 위에는 그동안 처리하지 못한 서류들이 가득 쌓여 있었다. 아직 이른 오후여서 일할 시간이 충분하다고 생각하며 서류 더미의 맨 위에 있는 것부터 하나씩 처리하기 시작했다.

업무를 처리할 때 우선순위를 정하는 'ABC 테크닉'에 대해 잘 알 것이다. 일의 중요도에 따라 A는 오늘 중으로 꼭 처리해야 하는 것, B는 오늘 하면 좋고, C는 다음 날로 미루어도 되는 것이다. 그렇게 해서 ABC가 정해지면 일의 중요도에 따라 번호를 부여해서 우선순위를 세분화한다. 예를 들어, A1을 가장 먼저 처리하고, 다음은 A2, A3 등을 처리하는 방식이다.

하지만 아는 것과 하는 것은 다르다. 나는 산더미처럼 쌓인 서류 더미를 위에서부터 하나씩 처리했는데, ABC 분류 방식에 따르면 B2, C1, A3, B3, A4, B4 ……의 순서로 두서 없이 업무를 처리했던 것이다. 내가 무슨 짓을 했는지 금방 이해했을 것이다. 나는 5시 바로 전에 A2 일을 처리했고, 드디어 A1 차례가 돌아왔을 때는 중요한 저녁 미팅이 있어서 업무를 중단한 채 사무실을 나와야 했다. 결국 그 대가로 중요한 사업 기회를 놓치고 말았다.

값비싼 교훈이 아닐 수 없다! 하지만 안타깝게도 많은 사람들이 나와 똑같은 실수를 저지른다. 우선 과제를 분석해서 우선순위를 정하지 않으면 자신과 조직은 엄청난 시간을 낭비하게 되고, 고객과 동료 직원에게 피해를 주게 된다. 가장 중요한 A1을 우선순위로 처리하지 못한 채 1주일, 3개월, 1년, 평생이 지나갈 수도 있다. 작가이며 철학가인 앨버트 허버드는 이렇게 말했다.

"뭔가를 하는 데는 힘이 필요하지 않다. 하지만 무엇을 할 것인지를 정하는 데는 매우 강한 힘이 요구된다."

정기적으로 몇 십분 또는 1시간을 들여서 우선 과제를 정한다면, 비즈니스와 인생이 놀라울 정도로 특별해질 수 있다.

어떻게 하면 에너지를 유지할 수 있을까?

성취하는 사람과 포기하는 사람의 가장 큰 차이점에 대해 생각해 본 적이 있는가? 어떤 사람들은 항상 의욕이 넘치는 반면, 어떤 사람들은 아침마다 침대에서 빠져나오는 것조차 힘들어 한다. 그 이유는 뭘까?

인터액티브 트레이닝의 선구자이며, 12권의 책을 쓴 론 윌링햄Ron Willingham은 성공과 실패의 차이를 만드는 것은 '의지'라고 말한다. 욕구, 의지, 야망이 성공의 기본이라는 것은 누구나 알고 있다. 하지만 한 가지 잘 모르고 있는 것은 성취에 대한 의지가 역작용을 불러일으킬 수 있다는 점이다.

예를 들어, 잠이 오지 않을 때 잠을 자려고 애를 쓸수록 정신이 더 또렷해지는 경험을 해보았을 것이다. 성과를 내기 위해 압박을 받으면 보통 때보다 실력을 발휘하지 못하는 경우가 있다. 프로젝트를 성공시키기 위해 의욕이 너무 앞서면 에너지가 일찍 빠져나가는 경험을 해보았을 것이다. 의욕은 그것을 어떻게 쓰느냐에 따라 축복이 되기도 하고, 불행이 되기도 한다.

고성능 자동차가 있다고 하자. 최고 성능을 계속 유지하려면 시동장치가 제대로 작동되어야 한다. 자동차는 시동을 걸면 엔진이 작동되어 바퀴가 돌아가도록 디자인되어 있다. 자동차는 그렇게 움직인다. 하지만 배터리는 짧은 시간 동안만 작동하도록 설계되어 있기 때문에, 배터리가 방전되면 자동차에 시동을 걸 수 없다. 또한 다시 충전하는데도 많은 시간이 소요된다. 사람도 마찬가지다. 시동을 너무 자주 걸면 배터리가 소모되어 엔진을 가동할 수 없고, 자동차는 더 이상 달릴 수 없다.

나는 지난 30년 동안 정기적으로 운동을 해왔다. 사실대로 말하자면 좋아서 하는 것은 아니다. 하지만 일단 시동이 걸리면 자전거나 수영장, 헬스클럽 중 어딘가에 있게 되고, 운동을 시작하면 엔진이 작동되었다. 그동안 엔진이 멈춘 적은 거의 없었다.

임무 완수에 소비해야 할 에너지에 대해 너무 많이 생각하다 보면 시동장치가 멈춰버리는 경우가 있다. 정신 에너지를 비생산적으로 사용한 결과다. 탁월한 성취를 이루어내는 사람들은 시동장치를 엔진을 작동시키는 데만 사용하고, 일단 엔진이 작동되면 자동차는 저절로 굴러가게 된다는 것을 잘 알고 있다. 다시 말해, 행동으로 옮기지 않고 생각만 하고 있으면 에너지가 방전된다. 일단 먼저 시작하라. 그러면 저절로 에너지가 솟아날 것이다.

10

THE 1 HOUR PLAN

액션 플랜

: 수첩에 적어 놓고 실행하라

"성공으로 가는 엘리베이터는 고장 났다. 그래서 계단으로 올라가
야 한다. 한 발짝 한 발짝……."

— 조 지라드Joe Girard, 작가

"성숙하지 못한 사람은 여기 저기 손을 댄다. 성숙한 사람은 한 가지
일을 끝까지 해낸다."

— 해리 A. 오버스트리트Harry A. Overstreet, 심리학자

    액션 플랜은 우선 과제를 달성하기 위해 단계적으로 할 일을
완료일과 함께 적은 것이다. 액션 플랜은 단순하지만 막강한
힘을 발휘한다. 우선 과제를 달성하는 것이 산을 오르는 것이

196 초일류 기업 성장의 비밀 1시간 기획

라면, 액션 플랜은 올라가야 할 단계를 자세하게 명시한 것이다. 액션 플랜은 기획서에 포함되지 않지만 명확한 행동을 취하고, 시간을 효율적으로 사용하면서 앞으로 나아가는데 꼭 필요하다.

액션 플랜은 우선 과제를 완수하게 해주고, 우선 과제는 전략을, 전략은 비전을 달성하게 해준다.

액션 플랜을 짜는 방법은 [표 10-1]의 예를 참고하기 바란다.

[표 10-1] **단계별로 비전 달성하기**

비전	미니애폴리스 최대의 사무기기 공급업체
전략	직무에 적합한 직원 배치, 직원의 능력 개발, 효율적 관리를 통해 실적을 개선한다.
우선 과제	2월 1일까지 새로운 영업 책임자를 임명한다.
액션 플랜	☐ 1월 3일까지 3개 매체에 구인 광고 집행 ☐ 1월 5일까지 10명의 동료에게 적임자 추천 부탁 ☐ 1월 10까지 인터뷰 후보자 결정 ☐ 1월 18일까지 인터뷰 완료 ☐ 1월 21일까지 고용 계약 제안하기 ☐ 2월 1일부터 신임 영업 책임자 출근

우리는 지금 하는 일 다음에 무엇을 해야 할지 모르기 때문에, 매일 많은 시간을 낭비하고 있다. 그러나 우선 과제를 먼저 정하고 나서 액션 플랜을 만들어 계획한 대로 하나씩 처리해 나

가면 시간 낭비를 막을 수 있다. 다음에 무엇을 해야 하는지를 알고 있으면 생산적으로 일할 수 있고, 일을 끝내고 나서 리스트에 줄을 그으면 성취감을 만끽할 수 있어 기분도 좋아진다!

액션 플랜에서 정한 시한은 우선 과제의 시한만큼 중요하지는 않다. 하지만 해야 할 일이 명확해짐으로써 갖게 될 힘이 어떤 능력을 발휘하게 될지 상상해 보라.

구체적인 액션 플랜을 수립하면 책임자는 진행하는 프로젝트에서 한발 물러나 전체 진행 상황을 효율적으로 관리할 수 있다. 하지만 책임자들은 흔히 극단적인 태도를 취하는 경우가 많다. 예를 들면 담당자 바로 옆에 붙어서 일일이 참견하거나, 아니면 담당자에게 모든 것을 맡긴 채 아예 들여다보지 않는 것이다. 책임자로서 직원들에게 책임감과 믿음을 심어 주기 위해서는 극단적인 두 가지 스타일의 중간적인 태도를 취하는 것이 바람직하다.

액션 플랜이 있으면 일이 제대로 진행되고 있는지 확인하는 일은 어렵지 않다. 액션 플랜과 진행 사항을 비교하면 한눈에 알 수 있으므로, 책임자는 담당자를 지원하고 격려하는 일에만 신경 쓰면 된다.

액션 플랜 연습 1

자신이 혼자 완수할 수 있는 우선 과제 하나를 골라서 해야할 일을 단계별로 적는다. 여기에 적은 일은 모두 스스로 완수해야 하는 일이다. 아래 표를 참조하여 우선 과제와 해야 할 일을 적어 보자.

우선 과제 :	
단계적으로 해야 할 일	완료일

액션 플랜 연습 2

팀원들과 함께 수행해야 하는 우선 과제 하나를 골라서 액션 플랜을 짠다. 액션 플랜에는 자신이 해야 할 일도 있고, 팀 동료가 해야 할 일도 있다. 다음 표를 참고하기 바란다.

우선 과제 :

담당자	단계적으로 해야 할 일	완료일

25,000달러짜리 아이디어

20세기 초 베들레헴 철강Chalres Steel의 찰스 슈왑Chalres Schwab 사장이 경영컨설턴트 아이비 리Ivy Lee를 만났다. 슈왑은 리에게 다음과 같이 제안했다.

"우리가 무엇을 해야 하는지는 잘 알고 있소. 그런데 우리는 더 잘 하고 싶소. 어떻게 하면 되는지 알려 주면 거기에 상응하는 대가를 지불하겠소."

20분 후 아이비 리는 찰스 슈왑에게 종이 한 장을 건넸는데, 거기에는 '내일 완수해야 할 가장 중요한 일 여섯 가지를 적으시오.'라고 적혀 있었다. 그러고는 찰스 슈왑에게 말했다.

"여섯 가지를 적었으면 중요도에 따라 번호를 매긴 후 종이를 호주머니에 넣고 내일 아침 꺼내서 '1번'이라고 적은 일을 시작하십시오. 그 일이 끝날 때까지 다른 일을 하지 마십시오. 첫 번째 일이 끝나면 두 번째 일을 시작하십시오. 이렇게 순서대로 일하면 항상 가장 중요한 일을 하게 될 것입니다."

리는 덧붙여서 말했다.

"이 방법을 지속적으로 실천하고, 직원들에게도 같은 방식으로 일하도록 지시하십시오. 이 방법으로 효과를 보면 그만큼의 액수를 수표로 끊어서 제게 보내주십시오."

몇 주 후 찰스 슈왑은 아이비 리에게 25,000달러짜리 수표를 보냈다. 그리고 수표와 함께 보낸 편지에는 이렇게 적혀 있었다.

"내가 지금까지 사용했던 방법 중에서 가장 효과가 좋았소!"

그리고 얼마 지나지 않아서 베들레헴 철강은 세계에서 가장 거대한 철강 회사가 되었다.

플래너 생산 업체인 데이타이머가 실시한 조사에서 미국 직장인의 3분의 1만이 하루 계획을 세우고, 그중에서 9%만이 계획을 실천하는 것으로 밝혀졌다. 적은 시간을 들여 더 많은 일을 하려면 우선 과제를 정하고, 그에 따른 액션 플랜을 짜는 것이 가장 효과적이다. 그리고 액션 플랜을 일정표에 옮기면 보다 더 효율적으로 일할 수 있다. 물론 조직적인 것보다 즉흥적이고 자발적일 때 일을 더 잘하는 사람이 있다. 나도 그런 사람 중의 하나다. 이런 사람들은 단계별로 일하지 않더라도 액션 플랜이 있으면 최소한 지속적으로 중요한 일에 집중할 수 있다.

사업을 성장시키기 위한 기획을 수립할 때는 관계된 직원들과의 협력이 무엇보다도 중요하다. 직원들 모두 회사가 어디로 가는지(비전), 왜 가는지(미션), 가는 중에 서로 어떻게 대해야 하는지(가치)를 이해해야 한다. 성공을 어떻게 평가하고(목표), 사업을 키우기 위해 어떤 일을 해야 하는지(전략)에 대해서도 역시 같은 생각을 하고 있어야 한다. 직원들이 우선 과제를 정한 후 액션 플랜을 짤 때쯤이면 목표를 공유하게 되고, 서로 격려하는 문화가 조성되어 진정한 팀워크가 만들어질 것이다.

적은 시간에 더 많은 일을 하라

효율성의 대가 데이빗 앨런David Allen은 자신의 책『끝도 없는 일 깔끔하게 해치우기Getting Things Done : The Art of Stress-Free Productivity』에서 일에 집중하지 못하고 '딴 생각'을 하는 것은 지금 하는 일이 아닌 다른 일을 원하기 때문이라고 강조했다.

만약 당신이 아직도 자신이 원하는 것이 무엇인지 정확히 모르고, 원하는 것을 얻기 위해 해야 할 일의 단계를 정하지 못했으며, 해야 할 일을 상기시켜 주는 시스템이 없다고 하자. 이러한 세 가지 문제를 해결하지 않은 이상 당신의 머릿속에는 계속해서 딴 생각이 생겨날 것이다. 하지만 이 세 가지 문제를 해결하면 현재의 순간에 집중할 수 있고, 일을 획기적으로 진척시킬 수 있다.

시시각각으로 변하는 오늘날의 업무 환경에서는 자신이 원하는 것이 무엇인지, 그리고 원하는 것을 얻기 위해 무엇을 해야 하는지를 정확하게 알고 있어야 한다. 또한 자신이 알고 있는 것을 행동으로 옮겨서 결과로 이어지게 만드는 확실한 시스템을 가지고 있어야만 치열한 경쟁에서 살아남을 수 있다는 것을 기억해 두기 바란다.

11

THE 1 HOUR PLAN

그렇다면 다음은 무엇인가?

: 미래를 위한 팀 플랜 작성 및 실행

"사람은 작은 문제를 풀어 가면서 더 큰 문제를 해결할 수 있는 힘을 기르게 된다. 그렇게 하면서 성숙해 가는 것이다. 조직도 마찬가지다."

– 이차크 아디제스Ichak Adizes,

『기업 라이프 사이클Corporate Life cycles』의 저자

"조직 내부의 변화 속도가 외부의 변화 속도보다 느리면, 조직의 수명이 다 했다는 증거다."

– 잭 웰치, 제너럴 일렉트릭 전임 회장

기획 단계에서부터 직원들을 참여시켜라

직원들이 기획 과정에서부터 참여하면 회사의 정책을 더 잘 이해하게 되고, 동료와 함께 일했을 때 얻게 되는 성취감도 느낄 수 있다.

직원들이 회사 일을 적극적으로 수행하도록 만드는 가장 좋은 방법은 기획 수립 과정에 직원들을 참여시키는 것이다. 물론 직원들을 배제한 채 기획을 수립할 수도 있다. 하지만 그렇게 되면 직원들에게 기획을 이해시켜서 실행에 옮기도록 하기가 쉽지 않다. 이 책을 시작하면서 언급했던 '참여하지 않으면 헌신도 없다!' 라는 유명한 경영 원칙을 기억할 것이다.

직원들과 함께 기획을 수립하게 되면 그 과정에서 직원들의 리더십을 개발할 수 있고, 좋은 아이디어도 얻을 수 있다. 또한 직원들도 주인의식을 갖게 되어 결정된 사항을 적극적으로 실행한다. 결국 직원들이 적극적으로 참여하고, 회사의 성장에 기여함으로써 더욱더 강한 기획이 만들어진다. 물론 기획의 궁극적인 책임은 리더에게 있다. 하지만 기획을 실제로 실행하는 직원들을 기획 과정에 참여시키면 기대 이상의 성과를 얻을 수 있다.

모두가 참여하는 기획 과정 3단계

직원들을 기획 과정에 참여시킴으로써 보다 높은 성과를 달성할 수 있는 매우 간단한 3단계 과정을 소개한다.

1단계 : 최적의 팀 구성하기 _ 기획을 수립하는 과정에서 적절한 시기에 적절한 사람을 참여시킨다. 필요에 따라 순차적으로 경영자와 임직원을 합류시킨다.

2단계 : 매년 사업 성장 기획 수립하기 _ 기획 과정에서 너무 많은 시간과 에너지를 소모해서는 안 된다. 관리자들이 자신의 기획 초안을 최대한 빠른 시간 안에 작성한 후 조직의 비전, 미션, 가치, 목표, 전략, 우선 과제에 대해 경영자 및 임직원들의 합의를 도출한다. 기획 과정을 제대로 진행하기 위해서 필요하다면 회의 진행을 외부 인사에게 맡길 수도 있다. 기획 회의가 효율적으로 진행되면 1시간 이내에 참가자들 모두가 같은 생각을 공유할 수 있다.

3단계 : 매달 진행 사항을 점검한 후 우선 과제 정하기 _ 매달 진척된 업무에 대해 격려하고, 기획안을 재점검하고, 새로운 우선 과제를 정해서 실행하는 3단계 과정을 반복 실행하면 지속적으로 성과를 얻을 수 있다.

조직 건강 평가

부록
A

조직 건강 평가(OHA, Organizational Health Assessment)는 조직의 역량을 평가하는 진단 도구다. 6단계 평가로 '개인, 인간관계, 관리, 시스템, 리더십, 시장'이 평가 대상이다.

나를 찾는 많은 고객들이 신체검사를 받듯이 매년 조직 건강 평가를 받고 있다. 이를 통해 문제를 확인하고 해결책을 찾는다. 조직 건강 평가 방법은 다음과 같은 방식으로 이루어진다.

- www.JoeCalhoon.com을 방문한다.
- 직원을 대상으로 익명 조사를 실시한다.
- 조사를 바탕으로 보고서를 작성하고, 조직 개선을 위해 다루어야 할 이슈를 정한다.
- 매년 조직 건강 평가를 통해 발전 사항을 평가하고, 6개 분야의 역량을 키운다.

조직 건강 평가가 필요한 이유는 다음과 같다.

- 직원들을 대상으로 익명의 조사를 통해 정보를 얻는다.
- 정보를 취합하여 조직의 역량을 개선하기 위한 이슈를 정한다.
- 효율성을 평가할 수 있는 방법을 제시한다. 이 평가 방법은 매년 변한다.
- 조직의 발전 과정에 직원의 참여도를 높인다.
- 직원들의 이해, 헌신, 사기를 높인다.

역량 1 : 개인 _ 직원 개인의 능력으로서 바로 당신의 능력을 말한다. 강점, 목표, 시간 관리, 자기개발, 일과 생활의 균형 등을 포함한다. [표 A-1]을 참조하라.

역량 2 : 인간관계 _ 동료에 대한 배려, 신뢰, 커뮤니케이션 능력을 말한다. [표 A-2]를 참조하라.

역량 3 : 관리 _ 업무에 대한 명확한 정의, 성과에 대한 피드백, 적절한 자원 지원, 경영진과의 관계를 의미한다. [표 A-3]을 참조하라.

역량 4 : 시스템과 프로세스 _ 결과 창출에 관련된 모든 시스템과 프로세스의 역량이 여기에 포함된다. [표 A-4]를 참조하라.

역량 5 : 리더십 _ 계획, 성과, 리더십 개발, 조직 문화가 여기에 속한다. [표 A-5]를 참조하라.

역량 6 : 시장 _ 조직이 속한 업계에서 보여주는 능력이다. 평판, 시장에 대한 이해, 고객과 지역 사회, 세상에 제공하는 가치 등이 포함된다. [표 A-6]을 참조하라.

[표 A-1] ~ [표 A-6]을 활용해서 자신이 속한 조직을 평가해보자.

[도표] 조직 건강 평가 차트의 예

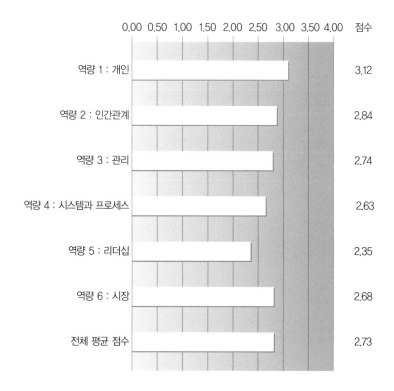

	점수
역량 1 : 개인	3.12
역량 2 : 인간관계	2.84
역량 3 : 관리	2.74
역량 4 : 시스템과 프로세스	2.63
역량 5 : 리더십	2.35
역량 6 : 시장	2.68
전체 평균 점수	2.73

[표 A-1] 역량 1 : 개인

	전혀 그렇지 않다	그렇지 않다	그저 그렇다	그렇다	매우 그렇다
1. 나는 삶의 목적과 우선 과제를 명확하게 인식한다.	0	1	2	3	4
2. 나는 자신의 강점과 능력을 잘 알고 있다.	0	1	2	3	4
3. 나는 자신의 강점과 능력을 회사에서 충분히 활용한다.	0	1	2	3	4
4. 나는 회사의 주요 업무를 처리하는데 충분한 시간을 할애한다.	0	1	2	3	4
5. 나는 기대한 성과를 내며, 육체적·정신적 건강을 유지하고 있다.	0	1	2	3	4
6. 나는 직장 생활과 개인 생활을 균형 있게 유지하고 있다.	0	1	2	3	4
각 항목 점수 합계	—	—	—	—	—
총 점수	= ___				
총 점수 / 6 = 개인 역량 점수	___ / 6 = ___				

[표 A-2] 역량 2 : 인간관계

	전혀 그렇지 않다	그렇지 않다	그저 그렇다	그렇다	매우 그렇다
7. 나는 기대한 업무 성과를 낼 뿐만 아니라, 동료의 요구에 협조적이다.	0	1	2	3	4
8. 나는 항상 상대의 관점을 이해하려고 노력한다.	0	1	2	3	4
9. 나는 의견과 감정을 자신 있게, 적절하게 표현한다.	0	1	2	3	4
10. 나의 아이디어와 제안이 잘 받아들여진다.	0	1	2	3	4
11. 나는 팀원들 간에 문제가 생기면 직접 해결한다. 문제를 피하거나 제삼자에게 떠넘기지 않는다.	0	1	2	3	4
12. 회사에서 나의 인간관계는 화합, 조화, 신뢰에 바탕을 두고 있다.	0	1	2	3	4
13. 나는 지금의 동료들과 일할 수 있어 행운이라고 생각한다.	0	1	2	3	4
14. 나의 동료들은 업무 성과가 뛰어나다.	0	1	2	3	4
각 항목 점수 합계	—	—	—	—	—
전체 점수 합계	= ___				
전체 점수 합계 / 8 = 인간관계 역량 점수	___ / 8 = ___				

[표 A-3] **역량 3 : 관리**

	전혀 그렇지 않다	그렇지 않다	그저 그렇다	그렇다	매우 그렇다
15. 나는 상사와 좋은 관계를 유지하고 있고, 상사는 나를 인간적으로 대한다.	0	1	2	3	4
16. 나는 회사가 내게 무엇을 기대하는지 잘 알고 있다.	0	1	2	3	4
17. 나는 업무에 대한 피드백을 제때 받고 있어서 내가 업무를 제대로 수행하고 있는지 잘 알고 있다.	0	1	2	3	4
18. 나는 효율적인 업무 수행에 필요한 자원을 지원받고 있다.	0	1	2	3	4
19. 우리 팀은 항상 계획된 시간에 업무를 완수한다.	0	1	2	3	4
20. 우리 팀은 다른 팀들과 좋은 관계를 유지하고 있다.	0	1	2	3	4
21. 나는 지난주 업무 성과에 대해 칭찬을 받았다.	0	1	2	3	4
22. 우리는 성과에 대한 책임은 각자 진다. 팀원 모두에게 기회를 주지만 성과를 내지 못하면 도태된다.	0	1	2	3	4
각 항목 점수 합계	—	—	—	—	—
전체 점수 합계	= ___				
전체 점수 합계 / 8 = 관리 역량 점수	___ / 8 = ___				

[표 A-4] 역량 4 : 시스템과 프로세스

	전혀 그렇지 않다	그렇지 않다	그저 그렇다	그렇다	매우 그렇다
23. 우리의 채용, 교육, 자기개발 시스템은 효율적이다.	0	1	2	3	4
24. 우리의 커뮤니케이션 시스템은 효율적이다.	0	1	2	3	4
25. 우리의 업무 프로세스는 매우 효율적이다. 따라서 일을 다시 하거나 시간, 돈 등의 자원을 낭비한 적이 거의 없다.	0	1	2	3	4
26. 우리는 신규 고객 유치, 고객 서비스, 기존 고객 유지를 잘 한다.	0	1	2	3	4
27. 우리는 정보를 저장하고 검색하는 효율적인 시스템을 가지고 있다.	0	1	2	3	4
28. 우리는 평가 시스템이 잘 되어 있어서 목표 대비 성취도를 쉽게 파악할 수 있다.	0	1	2	3	4
29. 우리는 기획과 예방에 철저해서 위기를 최소화할 수 있다.	0	1	2	3	4
30. 우리는 항상 배우며 발전하는 조직이다.	0	1	2	3	4
각 항목 점수 합계	—	—	—	—	—
전체 점수 합계	= ___				
전체 점수 합계 / 8 = 시스템 역량 점수	___ / 8 = ___				

[표 A-5] 역량 5 : 리더십

	전혀 그렇지 않다	그렇지 않다	그저 그렇다	그렇다	매우 그렇다
31. 우리 회사에는 명확하고 강렬한 비전, 미션, 가치가 있다.	0	1	2	3	4
32. 우리에게는 잘 규정된 전략이 있으며, 우리는 비전을 달성하는 방법을 알고 있다.	0	1	2	3	4
33. 우리에게는 신뢰의 문화가 있다.	0	1	2	3	4
34. 조직으로서 우리는 부여된 임무를 성취하고 있다.	0	1	2	3	4
35. 우리는 변화에 빠르고 유연하게 적응한다.	0	1	2	3	4
36. 우리 조직은 유능한 리더를 키운다.	0	1	2	3	4
각 항목 점수 합계	—	—	—	—	—
전체 점수 합계	= ___				
전체 점수 합계 / 6 = 리더십 역량 점수	___ / 6 = ___				

[표 A-6] 역량 6 : 시장

	전혀 그렇지 않다	그렇지 않다	그저 그렇다	그렇다	매우 그렇다
37. 우리 회사는 시장에서 좋은 평판을 얻고 있다.	0	1	2	3	4
38. 우리 회사는 사회 공헌에 힘쓰고 있다.	0	1	2	3	4
39. 우리는 기존 고객과 잠재 고객의 욕구가 무엇인지 알 고 있다.	0	1	2	3	4
40. 우리는 업계 산업 동향을 잘 알고 있다.	0	1	2	3	4
41. 우리 회사의 비전, 사명, 가 치는 직원을 비롯해 외부에 잘 알려져 있고, 존중받고 있다.	0	1	2	3	4
42. 우리 회사는 의미 있고, 긍 정적인 영향력을 발휘하고 있다.	0	1	2	3	4
각 항목 점수 합계	—	—	—	—	—
전체 점수 합계	= ___				
전체 점수 합계 / 6 = 시장 역량 점수	___ / 8 = ___				

아래 세 가지 질문에 답하시오.

1. 우리 회사에서 잘 되고 있는 점은 무엇인가?

_____

_____

_____

_____

_____

2. 우리 회사에서 개선되어야 할 점은 무엇인가?

_____

_____

_____

_____

_____

3. 회사에 하고 싶은 말을 적으시오.

_____

_____

_____

_____

_____

회사의 문제점을 확인하려면 각 역량의 총점을 아래의 조직 건강 평가서 차트에 옮겨 적는다. 2.67점 이하는 건강하지 못한 조직이고, 2.67~3.0점은 부분적으로 건강한 조직이며, 3.0 이상은 건강한 조직이다.

점수가 낮게 나온 역량은 [표 A-1] ~ [표 A-6]으로 되돌아가서 각 항목을 다시 점검하여 전략에 포함시킨다.

[도표 A-2] **조직 건강 평가 차트**

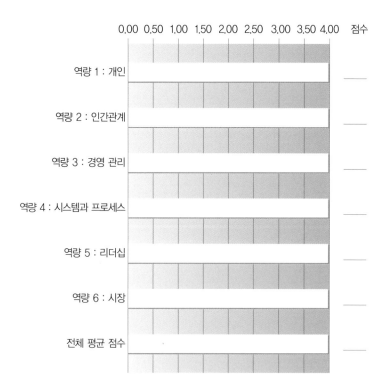

SWOT 분석법

부록

B

"SWOT 분석을 할 때 대부분의 회사가 너무 많은 요소를 분석한다. 그렇게 해서는 문제를 효과적으로 파악해서 해결하지 못한다. 건강한 조직을 만들기 위해서는 다양한 SWOT 분석 결과를 3~5개의 우선적인 전략적 이슈로 만들어야 한다."

– C. 데이비스 포그C. Davis Fogg, 작가

SWOT 분석은 내부 환경(강점, 약점)과 외부 환경(기회, 위협)을 분석하는 것이다. SWOT 분석을 하게 되면 회사가 안고 있는 문제점들이 자연스럽게 표면 위로 떠오르기 때문에, 현재 상황을 정확하게 인식할 수 있다.

SWOT 분석을 해야 하는 이유

콜로라도 주 에스펜으로 스키 여행을 간다고 상상해 보자. 그런데 지금 자신이 어디 있는지 모른다면, 어떻게 가야 하는지 계획을 세울 수가 없을 것이다. 비즈니스도 마찬가지다. 어디로 갈 것인지를 결정했다면, 지금은 어디에 있는지를 확인하는 것이 중요하다. 그래야만 지금 있는 곳에서 목적지까지 가는 방법을 효과적으로 계획할 수 있다.

기획 역시 목적지가 어디인지를 정하는 것에서 시작한다. 미래 지향적이면 조직이 앞으로 나아가기가 쉬울 뿐만 아니라, 직원들에게 희망과 기대감을 심어 줄 수 있다. 만약 지금 있는 곳에 집중해서 기획을 시작하면 당면한 문제에만 더욱 집중하기 때문에, 금방 좌절하거나 비관적으로 되기 쉽다.

SWOT 분석은 현재 위치를 정확하게 알 수 있게 해주고, 회사가 직면하고 있는 냉혹한 현실을 인식할 수 있도록 해준다.

SWOT은 강점Strengths, 약점Weaknesses, 기회Opportunities, 위협Threats을 의미한다. 현재 상황을 제대로 이해하기 위해서는 내부적 환경(강점과 약점)과 외부적 환경(기회와 위협)을 모두 분석해야 한다.

SWOT 분석을 하면 무엇을 개선해야 하는지가 분명해진다. 분석을 통해서 나온 결과는 논의해야 할 이슈들에 대한 명확한 리스트가 된다. 이 리스트를 통해서 목적지에 도달하기 위한 전략과 우선 과제가 정해지면, SWOT 이슈로 다시 돌아가서 주요 이슈에 대한 조치를 취한다.

효과적으로 SWOT 분석하기

SWOT 분석을 효과적으로 진행하기 위한 3단계 과정은 다음과 같다.

1단계 : 관련자들로 구성된 팀을 구성한다.

2단계 : '유사성 훈련Affinity Exercise'을 통해 이슈에 대한 브레인스토
밍을 한다.

3단계 : 이슈를 중요도로 나누기 위해 복수 선택을 한다.

1단계 : 팀 구성하기 _ 회사가 직면한 문제를 이해하고 있는 사
람들로 팀을 구성한 후 산업, 시장, 고객, 직원, 회사 소유주와
관련해서 회사가 직면하고 있는 이슈를 찾아낸다. 이 문제를 논
의할 수 있는 경영진과 결과를 만들어내는 당사자들로 구성된
팀을 구성한다. 12명 정도가 가장 적당하다. 만약 유능한 중재
자가 있다면 24명까지도 가능하다.

2단계 : 유사성 훈련하기 _ 유사성 훈련은 브레인스토밍과 유
사하다. 훈련을 시작할 때 브레인스토밍의 규칙을 알려 준다.
즉 질보다 양이 중요하고, 빨리 아이디어를 낼수록 좋다. 아이
디어에 대해 분석을 하거나 자기 편집을 하면 안 된다. 브레인
스토밍의 목적은 짧은 시간에 최대로 많은 수의 문제점을 확인
하는 것이다.

먼저 강점부터 시작한다. 참가자 모두에게 포스트잇과 사인
펜을 나누어 준 후 포스트잇 한 장에 강점 한 가지를 적도록 한
다. 멀리 떨어져 있는 사람도 볼 수 있도록 크게 적는다. 2분 내
에 적어야 하는데, 시간이 짧다고 생각할지 모르지만 더 많은
시간이 필요하지 않다는 것을 알게 될 것이다. 2분 내에 생각나

는 모든 강점을 적도록 한다. 그 다음은 강점을 적은 포스트잇을 순서나 자리에 상관없이 모두 벽에 붙인 후 참가자들이 벽에 붙은 포스트잇을 분야별로 나눈다. "여기 '전문 지식'이 있는데, 그쪽에 관련된 강점 있어요?"라고 묻는 방식으로 서로 이야기하면서 강점을 카테고리별로 정리한다. 물론 어느 카테고리에도 포함되지 않는 외톨이 포스트잇도 몇 개 남을 것이다. 플립차트에 정리된 카테고리와 외톨이 포스트잇을 옮겨 적는다. 아마도 뛰어난 인적 자원, 효과적인 경영 관리, 강력한 고객 서비스 등의 카테고리로 정해지게 될 것이다. 참가자들이 많을 경우에는 2~3개 팀으로 나누어 진행해도 무방하다.

약점, 기회, 위협도 강점과 같은 방식으로 유사성 훈련을 진행한다. 이 과정이 모두 끝나면 4개의 플립 차트에 4개의 리스트가 만들어진다. 플립 차트 한 장당 강점, 약점, 기회, 위협의 4개 리스트가 만들어진다.

몇몇 이슈는 1개 이상의 리스트에 포함될 수 있다. 예를 들어, 커뮤니케이션 이슈가 강점과 약점에 모두 올라올 수 있다. 하지만 어떤 이슈가 어떤 리스트에 올라왔느냐는 문제가 되지 않는다. 플립 차트에 올라와 있는 모든 리스트는 전략적인 관점에서 봐야 한다. 가장 중요한 이슈들이 전략적인 차원에서 선택되어지고, 우선 과제가 될 것이다. 그래서 특정 이슈가 강점인지 약점인지는 전혀 중요하지 않다.

3단계 : 복수로 선택하기 _ 지금까지 나온 이슈들을 중요도에 따라 우선순위를 정하기 위해 복수 선택을 한다. 모든 참가자들은 회사의 발전에 가장 중요한 이슈를 골라낼 것이다. 방법은 다음과 같다.

먼저 반복되는 이슈를 없앤다. 아니면 투표가 끝난 후 반복되는 이슈의 표를 합산해도 된다.

참가자에게 몇 개의 표를 줄 것인지를 정하기 위해 4개 리스트에 있는 이슈가 몇 개인지를 확인한다. 예를 들어, 35개의 이슈가 있다고 하자(강점 9개, 약점 11개, 기회 10개, 위협 5개). 그러면 35를 3으로 나누고, 반올림을 하면 12개가 된다.

그러면 참가자 1인당 12개의 표를 갖게 된다. 참가자는 자신이 원하는 방식대로 표를 사용할 수 있지만, 한 가지 이슈에 3표 이상을 사용할 수 없다. 다시 말해, 어떤 이슈에 대해서 3회까지 투표할 수 있고, 총 12회의 투표를 할 수 있다. 투표 기준은 회사가 전략을 세울 때 도움이 될 수 있는 이슈에 투표하는 것이다. 경제에 집중하고 싶지 않다면, 경제를 '위협'으로 투표하는 것은 의미가 없다.

여기서 한 가지 주의할 점은 플립 차트에 자신의 표를 표시하기 전에 미리 종이에 이슈와 표의 수를 적도록 지시해야 한다는 것이다. 그래야 초반에 투표하는 사람들로부터 영향을 받지 않을 수 있다. 플립 차트에 참가자들이 자신의 표를 모두 표시하면 총 득표수를 합산한다. 투표가 모두 끝나면 표를 많이 받은 이슈와 그렇지 못한 이슈가 분명해진다. 80/20 법칙에 따르면 5개에서 10개의 이슈가 가장 많은 표를 받게 될 것이다. 여기서 선택된 이슈가 전략을 짤 때 논의되어져야 할 이슈들이다.

이렇게 해서 1시간 내에 SWOT 분석으로 이슈를 찾아내고, 이슈의 중요도를 확인할 수 있다. 아울러 많은 사람이 참여했기 때문에 전략을 실행할 때 직원들의 적극적인 참여를 기대할 수 있다.

그리고 회사의 경영자 혹은 SWOT 분석을 주도하는 책임자가 중요하다고 생각하는 한두 가지 이슈를 추가하는 것은 가능하다. 직원들을 설득하는 것도 중요하지만, 경영자나 관리자들의 훌륭한 아이디어도 필요하기 때문이다.

[표 B-1] SWOT 분석 예시

체크	강 점	체크	약 점
✓	고객 서비스	✓	관리 책임
	풍부한 경험		낮은 브랜드 인지도
	재정 안정		현금 유동성
	정직과 신뢰		권한 위임
	관리		일관성 없는 성과
	영업		비효율적인 마케팅
	사람		비효율적인 시스템
	긍정적인 자세		커뮤니케이션 부재
	평판		평가 방법
	고객의 신뢰		낙후된 기술
	지리적 위치		팀워크
	팀워크		교육

체크	기 회	체크	위 험
✓	틈새시장의 성장	✓	악성 고객
	아웃소싱		대형 할인 매장
	장비		경쟁
	파트너십 활성화		경제 상황
	높은 마진		인력 자원
	혁신		사회 불안
	빌딩 구입		자연 재해
	영업 소재지 다변화		지역별 규제
	새로운 비즈니스 모델		비용 증가
	인수합병		세금 제도
	자기개발		기술 변화
	전략적 제휴		협력 업체 관리

'사업 성장 기획서' 1시간 만에 끝내기

제품개발팀 정 과장은 읽고 있던 책의 마지막 장을 덮으며 긴 숨을 내쉬었다. 머릿속은 여러 가지 생각들로 복잡했지만, 눈빛 만은 날카롭게 빛나고 있었다. 그는 다음 주에 진행될 '사업 성 장 기획' 워크숍을 대비해 직원들에게 지급된 『초일류 기업 성 장의 비밀 1시간 기획』이라는 책을 막 끝낸 참이었다.

"과장님! 책은 다 읽었어요?"

깊은 생각에 잠겨 있던 정 과장은 자신을 부르는 소리에 깜짝 놀라 뒤를 돌아봤다. 같은 팀 조민호 대리였다.

"워크숍 참가자 명단에 제 이름이 들어 있어서 무척 당황했 어요. 저 같은 실무자가 회사의 비전과 미션, 가치, 목표, 전략 등을 만드는 일에 참여한다는 것도 그렇고, 참석하더라도 무슨 말을 해야 할지 걱정스러웠거든요. 그래서 과장님의 조언을 들으려고 찾아왔습니다."

조 대리가 근심 어린 표정으로 자신의 심경을 털어놓았다.

"사실은 나도 워크숍에 참가해야 한다는 의무감으로 반신반의하며 책을 읽기 시작했어. 회사의 비전이나 미션 등을 정하는 건 나와는 무관하다고 생각했거든. 그런데 책을 읽다 보니 생각이 조금씩 바뀌더군. 기획 과정에 참여하면 회사가 나아가는 방향, 즉 비전과 미션을 더 잘 이해하게 되고, 오너십과 자발성이 높아져서 업무 성취감도 커진다는 설명에 공감하게 되었지. 그리고 기획의 초기 단계에서부터 임직원들이 함께 참여해서 비전과 미션, 가치, 목표, 전략, 우선 과제 등에 각자의 생각과 의견을 충분히 반영시키고, 그것을 토대로 월간 또는 주간 단위의 액션 플랜을 세워 실천해 가면 업무 성과도 훨씬 더 높아질 것이라는 확신이 들더군."

정 과장이 자신의 생각을 짧게 정리해서 말하자, 마치 자신의 고민이 해결이라도 된 듯 조 대리가 환한 표정으로 말했다.

"그렇군요. 사실은 저도 책을 읽다 보니 제가 맡은 업무를 회사 전체의 시각으로 바라보게 되더라고요. 그리고 이번 기회에 제 자신을 위한 성장 플랜도 만들어 볼 생각이에요!"

조 대리가 흥분해서 큰 소리로 말하자 주변 사람들의 시선이 두 사람에게로 향했고, 정 과장이 사과의 뜻으로 주변 사람들을 향해 가볍게 목례를 했다. 그러고는 자신과 같은 생각을 하고 있는 조 대리를 바라보며 가볍게 미소를 지었다.

직원들을 모두 참여시켜라

기획 회의를 위한 워크숍이 있는 날 아침, 회의실에는 사장과 몇몇 임직원들이 예정 시간보다 일찍 도착해 있었다.

"나눠 준 책을 읽고 난 후의 여러분들 생각이 어떤지 궁금하군."

고개를 들어 회의실을 둘러보던 박 사장이 참가자들의 생각을 듣고 싶다는 듯 말을 꺼냈다. 창립 20년째를 맞이한 완구 회사 '코코로'의 사업 성장 기획을 70여 명의 임직원들과 함께 하자고 제안한 사람은 다름 아닌 사장 자신이었다.

박 사장의 말이 끝나자 디자인팀 이 부장이 한참을 머뭇대다 자신 없는 표정으로 박 사장에 물었다.

"저…… 그런데 회사의 비전과 목표를 정하려면 전문가의 도움을 받아야 하지 않나요? 제 후배가 근무하는 회사에서는 외부 전문가에게 의뢰해서 비전과 목표를 개발했다고 합니다. 직원들에게는 결과만 알려 주었고요."

박 사장이 부드러운 미소를 지어 보인 후 이 부장에게 물었다.

"그 후배는 자기 회사의 비전과 미션, 가치와 목표가 무엇인지 정확하게 알고 있던가?"

박 사장의 질문에 이 부장이 다소 긴장한 표정으로 대답했다.

"솔직하게 말씀드리면, 그 후배는 회사의 비전과 미션이 자신과 어떤 연관이 있는지 잘 모르는 것 같았어요. 외부 컨설팅 업체에 의뢰해서 꽤 오랜 시간을 들여 사업 성장 기획을 완성했다고 하는데, 자기 생각엔 회사에서 쓸데없이 시간과 돈만 낭비한 것 같다고 말했습니다."

이 부장의 말이 끝나자 깊은 숨을 들이 쉰 박 사장이 천천히 이야기를 시작했다.

"20년 전, 값싼 노동력을 바탕으로 OEM 방식의 납품 공장으로 시작한 우리는 그동안 여러 번의 재도약과 성장 과정을 거쳐 지금 이 자리까지 왔어요. 어떤 회사든 20년 이상 사업 성장을 이끌어 간다는 건 쉬운 일이 아니죠. 그렇다면 앞으로 20년, 아니 50년 이상 사업을 지속하고 성장시키려면 어떻게 해야 할까요?"

박 사장이 참가자들을 둘러보며 질문을 던진 후 다시 이야기를 시작했다.

"나도 처음에는 외부 전문가의 도움이 필요하다는 선입견을 가지고 있었어요. 하지만 이 책을 읽고 나서 생각이 바뀌었어요. 전문가의 도움을 받는 것도 좋겠지만, 우리 회사를 누구보다 잘 알고, 누구보다 회사의 성장을 열망하는 직원들이 함께 참여해서 우리 힘으로 사업 성장을 기획하는 것이 훨씬 더 의미 있는 일이라고 말입니다."

말을 마친 박 사장의 얼굴은 미소를 띠고 있었지만, 그의 미소 속에는 강한 의지가 배어 있었다.

이때 워크숍 시작을 알리는 최 전무의 목소리가 들려왔다.

완구 회사 코코로의 사업 성장 기획

"이제부터 코코로의 사업 성장 기획을 위한 워크숍을 시작하겠습니다. 오늘 워크숍에서 여러분이 집중력을 발휘해서 함께 협력하고, 아이디어를 모은다면 짧은 시간 안에 매우 만족스러운 결과가 나올 것이라고 생각합니다."

진행을 맡은 최 전무가 이번 워크숍의 취지와 진행 방법에 대한 설명을 마치자, 박 사장이 첫 번째 발표자로 나서서 완구 산업의 변화를 차트와 함께 소개했다.

"최근 완구 산업은 급격한 변화를 겪고 있습니다. 중국산 저가 완구의 급격한 유입, 스마트폰과 태블릿 PC 같은 대체 놀이 상품의 발전에 따른 완구 수요의 감소로 완구 회사들이 성장 동력을 잃고 있습니다. 그럼에도 불구하고 우리는 전년도에 8%의 성장을 이룬 데 이어, 올해도 4% 증가하는 실적을 올렸습니다. 여러분 모두가 합심해서 이루어 낸 결과입니다."

이때 참가자들의 박수 소리가 터져 나왔고, 미소를 머금은 채 참가자들을 바라보던 박 사장이 질문을 던지는 것으로 이야기를 시작했다.

"그렇다면 다음은 무엇일까요? 5년, 10년, 20년 후에 과연 우리는 무엇이 되어 있을까요? 사람과 마찬가지로 회사도 삶의 주기가 있습니다. 새로운 회사가 탄생해서 성장하고, 성숙하고, 전성기에 이릅니다. 그러다가 성장을 멈추면 어떻게 될까요?"

이때 누군가가 "죽습니다!"라고 큰 소리로 말했고, 박 사장이 미소를 지어 보인 후 다시 이야기를 시작했다.

"그렇습니다. 미래학자 앨빈 토플러는 '오래된 회사 안에는 태어나기를 기다리는 새 회사가 항상 살고 있다.'라고 말했습니다. 우리는 그동안 수많은 도전과 역경 속에서도 늘 기회를 찾고, 성장을 이루어 낸 주인공들입니다. 오늘 그 주인공들이 모두 모여 성장을 멈추지 않는 새로운 사업의 성장 동력을 만들어 낼 것입니다."

박 사장의 굳은 신념과 의지에 고무된 참가자들이 뜨거운 박수를 보냈다.

박 사장에 이어 최 전무가 마이크를 넘겨받으며 말했다.

"오늘 워크숍은 여러분에게 미리 나눠 준 책에서 안내하고 있는 것처럼, 1시간 일정으로 진행할 예정입니다. 진행 방법과 순서 역시 책에서 안내하는 것과 동일합니다."

최 전무가 절차와 방법에 대해 간략하게 설명했다. 그러고 나서 진행 순서와 배정된 시간, 비전과 미션 등을 기록할 수 있는 '1시간 기획서' 양식이 첨부된 워크숍 안내문을 참가자들에게 나누어 주었다. 안내문에 소개된 기획 회의 진행 절차와 배정 시간은 다음과 같았다.

1. 비전 만들기 : 사업의 목적은 무엇인가? _ 6분
2. 미션 만들기 : 고객의 삶에 어떤 기여를 하는가? _ 6분
3. 가치 만들기 : 모두 즐겁게 일하려면 어떤 행동 수칙이 필요한가? _ 6분
4. 목표 설정하기 : 성공을 어떻게 평가할 것인가? _ 7분
5. 냉혹한 현실 직시하기 : 논의해야 할 이슈는 무엇인가? _ 10분
6. 전략 만들기 : 완수해야 할 주요 전략은 무엇인가? _ 15분
7. 우선 과제 만들기 : 누가 무엇을 언제까지 할 것인가? _ 10분
8. 액션 플랜 만들기 : 수첩에 적어 놓고 실행하기

1. 비전 만들기
: 사업의 목적은 무엇인가? _ 6분

"1단계는 비전을 만드는 것입니다. '비전'은 우리가 수행하는 사업의 목적을 구체화하는 것으로, 회사가 미래에 되고자 하는 모습을 말합니다. 우리 회사가 향후 10년, 30년, 50년 이후 어떤 모습이 되기를 원합니까?"

말을 마친 최 전무가 미리 작성한 자료를 프로젝터를 통해 스크린에 비췄다. 스크린에는 다음과 같은 내용들이 보였다.

[연습 1-1] 비전 선언문 작성하기

이제 당신의 비전 선언문을 작성할 차례다. 다음의 4단계 질문에 답하라.

1. 지역적 범위는?
(당신의 사업이 대응할 수 있는 현실적인 지역적 범위를 정한다.)

2. 누구에게 제공하는가?
(이상적인 목표 고객과 시장에 집중한다.)

3. 무엇을 제공하는가?
(제공하는 제품과 서비스가 무엇인지를 명확하게 규정해야 한다.)

4. 얼마나 뛰어난 조직이 되고 싶은가?
(현실적이어야 하고, 달성 가능한 것이어야 한다.)

[표 3-3]

네 가지 질문	추천 단어	비전 선언문 작성하기
대상 지역 범위 (국내 ~ 해외)	• ○○시 • ○○ 지역 • 국내 • 세계	_____ 에서
누구에게 제공하는가? (고객 서비스)	• 중소기업체 • 독신 여성 • 중고생 자녀를 둔 부모 • 개인사업자	_____ 에게

무엇을 제공하는가? (제품, 서비스)		_____ 제공하는
얼마나 뛰어난 조직이 되고 싶은가? (시장 포지셔닝)	• 주도적인 • 가장 생산적인 • 최고 품질의 • 업계 최대의	_____ 공급업체 (어떻게 평가할 것인가?)

비전 선언문을 아래에 기록한 다음, 기획서 양식에 옮겨 적는다.

_____

_____

_____

_____

_____

　　스크린의 내용을 확인한 참가자들이 미래의 회사 모습에 대한 저마다의 생각을 말하기 시작했다.

　　가장 먼저 진행을 맡은 최 전무가 질문을 던졌다.

　　"우리의 비즈니스 영역은 국내에 국한되나요, 아니면 전 세계를 지향합니까?"

　　심각한 표정으로 앉아 있던 마케팅팀 임 부장이 말했다.

　　"현재로는 국내를 겨냥하는 게 맞는 것 같습니다."

　　최 전무가 참가자들을 둘러보며 다시 질문을 던졌다.

　　"현재 우리 회사는 국내 시장을 대상으로 하고 있습니다. 그럼, 장기적으로 향후 10년 후를 본다면 어떨까요?"

"저는 우리가 생산하는 문구류의 디자인이나 품질이 세계적인 기업들과 충분히 경쟁할 수 있다고 생각합니다. 따라서 점진적으로 해외 진출을 모색해야 한다고 보는데, 여러분의 생각은 어떻습니까?"

박 사장이 회의실 벽에 걸린 세계지도를 가리키며 말하자 참가자들이 들뜬 목소리로 "맞습니다!"라고 크게 외쳤다.

이때 최 전무가 질문을 던졌다.

"좋습니다. 그렇다면 다음 질문으로 넘어가죠. 우리는 전 세계의 어떤 고객을 대상으로 제품을 팔고 있죠?"

제품개발팀 정 과장이 손을 들며 말했다.

"저희 제품의 주요 고객은 만 6세 미만의 영·유아들입니다."

"그럼, 앞으로 대상 고객을 확산시키려면 어떻게 해야 할까요?"

최 전무가 다시 질문을 던지자 맨 앞자리에 앉아 있던 전략개발팀 고 부장이 고개를 갸우뚱하며 말했다.

"그동안 이 문제에 대해 많은 논의가 있었지만, 아무래도 '선택과 집중'으로 제품의 경쟁력을 높이는 게 좋을 것 같다는 의견이 지배적이었죠."

전략개발팀 고 부장의 의견에 대해 마케팅팀 임 부장이 자신의 의견을 밝혔다.

"저도 그렇게 생각합니다. 점점 더 많은 기업들이 매우 창의적인 고품질 제품들을 쏟아내고 있습니다. 집중하지 않으면 자칫 경쟁력을 잃을 위험이 크다고 생각합니다."

"그러면 현재처럼 영·유아들을 대상 고객으로 정하는 것에 대해 다른 의견이 있습니까?"

최 전무가 참가자들의 의견을 물었지만, 그동안 이 문제는 사내에서 많은 논의가 이루어져 왔고, 대상 고객에 대한 선택과 집중을 타깃 전략으로 확정된 바가 있다는 것을 대부분이 알고 있었기 때문에 별다른 이견 없이 통과되었다.

"다음 질문은 '우리는 무엇을 제공하는가?' 입니다."

진행을 위해 최 전무가 다음 질문을 던지자 품질관리팀 김 부장이 손을 들어 자신의 의견을 말했다.

"우리가 그동안 몇 번의 위기를 겪은 적이 있는데, 그때마다 안정성과 품질을 한 단계 끌어올린 제품들을 제공함으로써 문제를 해결해 왔습니다."

김 부장의 말이 끝나자 제품개발팀 정 과장이 자신의 생각을 말했다.

"저도 동의합니다. 하지만 요즘처럼 경쟁이 치열한 상황에서 단지 고품질 완구만으로는 승부하기가 어려울 것 같습니다. 창의적이고 혁신적인 제품을 계속 선보임으로써 업계를 선도하는 게 매우 중요하다고 생각합니다."

정 과장의 말이 끝나자 품질관리팀 김 부장이 굳은 표정으로 자신의 의견을 말했다.

"저는 그동안 혁신적인 상품으로 업계에 돌풍을 일으키며 혜

성처럼 나타났던 회사들이 안정성과 품질에서 신뢰를 잃어 금방 사라지는 경우를 많이 보았습니다. 따라서 안전하고 품질 높은 완구를 제공하는 게 우선되어야 한다고 봅니다."

김 부장과 정 과장의 의견의 대립하자 참가자들의 지지 발언이 이어지면서 회의실에 작은 소란이 일어났다.

이때 관리부에 새로 입사한 한지영이 손을 들고 자신의 생각을 말하기 시작했다.

"저는 스마트폰을 처음 사용했을 때의 감동을 잊을 수가 없어요. 매우 혁신적인 제품이면서도 결점을 찾아보기 힘들 만큼 이전의 이동전화에 비해 디자인과 품질이 뛰어났거든요. 어쩌면 우리도 스마트폰처럼 두 마리 토끼를 다 잡을 수 있지 않을까요?"

박 사장을 비롯한 참가자 모두가 한지영의 의견에 고개를 끄덕이며 박수로 화답했고, 다음 진행을 위해 최 전무가 다시 질문을 던졌다.

"자, 그럼 앞으로 10년, 30년 후 우리 회사는 어떤 평가를 받는 회사가 되어야 할까요?"

최 전무의 질문에 대해 디자인팀 이 실장이 자신감에 찬 목소리로 힘주어 말했다.

"무엇보다 신뢰받는 회사가 되는 게 좋을 것 같습니다. 여러 제품들 가운데 우리 회사 로고만 보고도 아이들의 부모가 믿고 선택할 수 있는 그런 회사 말입니다. 창의적이고 혁신적인 고품질 제품을 지속적으로 출시하면서 경쟁력을 유지한다면 얼마든지 세계 최고의 기업이 될 거라고 확신합니다."

이 실장의 말이 끝나자 박 사장이 결의에 찬 표정으로 말했다.

"여러분의 열정과 능력을 하나로 모아 준다면, 전 세계 어린이들에게 혁신적인 고품질의 완구를 제공하는 신뢰받는 기업이 되는 게 얼마든지 가능할 거라 생각합니다."

박 사장의 말이 끝나자 최 전무가 지금까지 논의된 내용을 한 문장으로 정리한 '비전 선언문'을 화이트보드에 기록했다.

'전 세계의 영·유아들에게 혁신적인 고품질의 완구를 제공하여 가장 신뢰받는 회사가 된다.'

2. 미션 만들기
: 고객의 삶에 어떤 기여를 하는가? _ 6분

"비전을 정했으니, 이번에는 미션을 정할 차례입니다. 미션은 조직의 존재 이유를 명확하고 설득력 있게 표현해야 합니다. 또한 좋은 미션은 조직이 고객의 삶에 기여할 수 있는 특별한 점은 무엇인지, 제공할 수 있는 최고의 편익이 무엇인지를 분명하게 밝히는 것입니다."

말을 마친 최 전무가 미션 선언문 작성에 활용할 수 있는 자료를 스크린으로 보여주었다.

[연습 1-2] 고객 중심의 미션 선언문 작성하기

먼저 고객에게 제공하고 싶은 가치가 무엇인지를 생각하라. 그리고 '고객이 ~할 수 있도록 도와준다.'라는 문장의 빈 칸을 채워 미션 선언문을 작성한다. 예를 들어, 투자 회사의 경우에는 '고객이 현명한 조언을 통해서 부를 창출할 수 있도록 돕는다.' 라는 미션을 만들 수 있다. 아래 표에 예시한 미션 선언문을 참고하라.

자동차 대리점	고객이 원하는 차를 갖도록 돕는다.
건강 제품	고객이 건강한 삶을 살도록 돕는다.
택배사	고객이 빠르고 안전하게 상품을 받을 수 있도록 돕는다.
여행사	고객이 여행과 모험의 즐거움을 경험할 수 있도록 돕는다.
보험사	고객이 보험을 통해 재정 위기에 대처할 수 있도록 돕는다.
레코드 숍	고객이 음악에 대한 열정을 더욱 불태울 수 있도록 돕는다.
렌터카 대리점	안전한 차량을 제공하여 고객이 스트레스 없는 여행을 즐길 수 있도록 돕는다.
전력 공급 회사	안전한 에너지를 공급하여 고객이 삶의 질을 높일 수 있도록 돕는다.
소매점	고객이 즐거운 쇼핑을 경험하고, 구매한 상품에 만족하도록 돕는다.

당신의 미션 선언문을 빈칸에 적은 후 기획서에 옮겨 적는다.

_____

_____

_____

_____

"미션 선언문 예제에서 보듯, '우리의 고객인 어린이들이 ~ 을 할 수 있도록 돕는다.'라는 문장에 새로운 미션으로 적합한 단어를 제안해 주시기 바랍니다. 어떤 것을 미션으로 선택할 것인지는 여러분의 투표로 결정할 것입니다."

최 전무의 말이 끝나자 직원들은 자신이 생각하는 미션을 적어 투표함에 넣기 위해 분주하게 자리를 오갔다. 투표를 통해 여러 개의 후보 안들 중에서 '어린이들이 상상력을 키우고, 소중한 추억을 만들도록 돕는다.'라는 문장을 새로운 미션으로 채택했다.

미션이 확정된 후 생산부 김 대리가 다소 들뜬 표정으로 미션에 대한 자신의 생각을 말했다.

"전 세계의 어린이들이 저희가 생산한 안전하고 품질 좋은 완구를 가지고 놀며 상상력을 키우고, 어린 시절의 추억을 만들어 간다고 생각하니까 벌써부터 가슴이 벅찬데요."

그러자 참가자들이 박수를 치며 환호를 보냈다.

3. 가치 만들기
: 모두 즐겁게 일하려면 어떤 행동 수칙이 필요한가? _ 6분

"이제는 가치에 대해 생각해 보겠습니다. 가치는 우리가 서로를 어떻게 대하느냐, 우리가 고객을 어떻게 대하느냐에 관한

것입니다. 나는 우리의 가치가 우리를 누구인지 가장 잘 말해 준다고 생각합니다. 왜냐하면 가치는 신뢰를 만들기 때문이죠. 훌륭한 기업은 직원과 고객에게 매일 감사하고, 인간으로서의 가치를 존중합니다."

말을 마친 최 전무가 가치 만들기에 관한 연습 문제를 스크린 으로 보여주었다.

[연습 1-3] 가치를 적어라

다음에 예시한 가치 리스트 중에서 중요하게 생각하는 직원들 간의 태도를 체크한다. 그 가운데 중요도 순으로 기획서에 옮겨 적는다.

책임 – 자신의 행동에 따른 결과를 책임진다.
헌신 – 업무의 수준과 성과에 대한 높은 기준을 유지한다.
공감 – 타인의 어려움을 공유하고, 이를 해결하려는 강한 의지를 갖는다.
창조 – 독창적으로 사고하고, 새로운 것을 창조한다.
규율 – 지시 사항을 잘 이해하고, 규칙과 가이드라인에 맞춰 행동 양식을 바꾼다.
권한 이양 – 합의한 결과를 도출하기 위해 자발적으로 행동하고, 필요한 경우 역할과 권한을 타인에게 이양한다.
최선 – 조직의 성공을 위해 최선의 노력을 다한다.
공정 – 편견이나 아집 없이 상대의 관점을 이해한다.

친절 – 우호적이고 친절하며, 협조적인 태도를 갖는다.
재미 – 즐겁고 유쾌한 직장 환경을 만든다.
관용 – 자신의 시간, 재능, 자원을 대가 없이 나눈다.
상호성 – 받고 싶은 만큼 베푼다.
감사 – 감사나 칭찬은 표현한다.
정직 – 진실만을 말하고, 어떤 상황에서든 솔직하고 진지한 태도를 갖는다.
겸손 – 자신의 지위나 권한에 대해 겸손한 태도를 갖는다.
정도 – 윤리와 규범을 지키며, 말한 것은 실행에 옮긴다.
균형 – 회사 업무와 개인 생활 모두에 충실한다.
신의 – 어려운 때일수록 약속과 의무를 지켜 신뢰를 배반하지 않는다.
열정 – 자신이 하는 일을 사랑하고, 열의를 갖고 일한다.
긍정적 태도 – 타인이나 환경에 대해 희망적이고 건설적인 생각과 태도를 견지한다.
존중 – 타인의 가치와 장점, 능력을 존중한다.
봉사 – 타인의 필요와 기대를 충족시키고, 그들의 요구에는 융통성과 책임감 있게 대처한다.
팀워크 – 함께 발전한다는 마음 자세로 문제를 해결하여 공동의 목표를 달성한다.

직원들은 미션을 정했던 것과 같은 방식으로 투표를 통해 코코로의 새로운 가치를 정했다. 최 전무는 가장 많은 표를 얻은 '창조'와 '헌신'을 코코로의 '가치'로 정리한 후, 참가자들에게 추가할 가치가 더 있는지를 물었다.

그러자 마케팅팀 임 부장이 손을 들어 자신의 의견을 말했다.

"도전정신을 추가하는 건 어떨까요? 오늘 우리는 시장을 국내에서 세계로 확대하기로 결정했습니다. 따라서 도전정신 없이는 이 비전을 달성하기 어려울 거라 생각합니다."

참가자들이 박수로써 임 부장의 의견에 화답했다.

이후로 더 이상의 아이디어가 나오지 않자 최 전무가 다음과 같이 코코로의 '가치'를 정리했다.

"그럼, 우리가 추구하는 핵심 가치를 '창조', '헌신', '재미', 그리고 '도전'으로 정하겠습니다."

말을 마친 최 전무가 시계를 보니 워크숍을 시작하고 나서 20분이 지나고 있었다.

최 전무는 다음 단계인 목표 설정을 진행하기 전에 참가자들이 실행해야 할 사항들에 대해 말해 주었다.

"이제 코코로는 새로운 비전, 미션, 가치를 설정함으로써 사업 성장에 필요한 장기 기획을 완료했습니다. 이제부터는 각 사업부 별로 회의할 시간을 드리도록 하겠습니다. 각 사업부 별로 장기 기획을 달성하기 위해 어떤 목표와 전략을 세워야 하는지에 대해 논의해 주시기 바랍니다. 이를 위해서는 먼저 시급히 해결해야 할 주요 이슈를 찾아내고, 그중에서 가장 중요한 5~10개 이슈에 대한 해결 전략을 논의해 주시기 바랍니다."

최 전무는 참가자들이 쉽게 이해할 수 있도록 스크린으로 자료를 보여주면서 설명을 이어 갔다.

"잠시 후 전체 회의를 속개하여 각 사업부 별로 정한 목표와 전략을 한데 모아 회사 전체 차원에서 집중해야 할 목표를 정하는 동시에 가장 시급히 해결해야 할 주요 이슈와 그에 따른 전략을 논의하도록 하겠습니다. 각 사업부의 책임자는 시작할 때 나눠 준 '1시간 기획' 자료 중 '[표 6-2] 목표 쓰기', '[연습 2-1] 주요 이슈', '[연습 3-1] 전략 수립 예제'를 참고하여 회의를 진행해 주시기 바랍니다.

4. 목표 설정하기
: 성공을 어떻게 평가할 것인가? _ 7분

"다음은 목표입니다. 우리는 오늘 '전 세계의 영·유아들에게 혁신적인 고품질의 완구류를 제공하여 가장 신뢰받는 회사가 된다.'라는 비전과 '어린이들이 상상력을 키우고, 소중한 추억을 만들도록 돕는다.' 라는 새로운 미션을 결정했습니다. 그리고 '창조, 헌신, 재미, 그리고 도전'이라는 가치를 도출했습니다. 그런데 우리가 과연 이런 비전과 미션, 가치를 제대로 수행하고 있는지를 평가하려면 수치화가 가능한 평가 방법, 즉 '목표'를 설정해야 합니다."

최 전무는 목표 설정에 관한 설명과 함께 목표에 관한 자료를 스크린으로 보여준 후 이렇게 말했다.

"앞서 각 사업부 별로 설정한 목표를 먼저 발표해 주시기 바랍니다."

각 사업부에서 논의된 평가 부문별 평가 대상, 평가 방법, 목표치를 발표하였고, 그 내용을 화이트보드에 기록하자 최 전무가 참가자들을 향해 말했다.

"자, 이 가운데 전사 차원에서 사업 성장을 위해 가장 중요한 목표 3~5개를 논의한 뒤 결정하도록 하겠습니다. 여러분들의 의견을 말씀해 주시기 바랍니다."

참가자들은 각 사업부에서 내놓은 목표를 비교해 본 뒤, 회사 차원에서 가장 의미 있는 목표가 무엇인지에 대해 활발한 논의를 펼쳤다. 그 결과 회사의 성장을 평가할 가장 중요한 3가지 목표가 다음과 같이 설정되었다. (247페이지 [표 6-2]를 참조)

"이제 고객, 직원, 재무에 관한 목표가 정해졌는데, 각 요소별로 정리하면 다음과 같습니다. 보드에 적힌 내용을 보시고, 혹시 수정할 사항이 있으면 말해 주시기 바랍니다."

최 전무가 지금까지 나온 아이디어를 정리하여 화이트보드에 기록한 후 참가자들에게 확인을 요청했다. 그러자 조민호 대리가 재빨리 내용을 확인하더니 큰 소리로 말했다.

"정확히 기록된 것으로 보입니다."

다른 참가자들도 동의의 표시로 박수를 치며 화답했다.

[표 6-2] 목표 설정

	평가 대상	평가 방법	목표치	체크
고객 평가	고객 만족도	설문 조사	70	
	시장 점유율	자사 사업의 매출이 업계 총매출에서 차지하는 비율	60%	
	고객 유지율	전년 대비 고객 유지 비율	95%	
	고객 수	기업 고객의 수	150	
직원 평가	생산성(1인당 수익)	수익 나누기 직원 수	2억 원	
	생산성(1인당 이익)	이익 나누기 직원 수	2천만 원	
	직원 만족	조직 건강 평가서	3.2	
	리더십 개발	리더십 개발 과정을 이수한 직원 수	12	
재무 평가	총매출	연간	100억 원	
	수익	연간	20억 원	
	EBITDA	연간	30억 원	
	부채		–	

5. 냉혹한 현실 직시하기

: 논의해야 할 이슈는 무엇인가? _ 10분

"이번에는 각 사업부 별로 논의된 시급히 해결해야 할 주요 이슈를 살펴보고, 그에 따른 전략 수립에 대해 여러분의 의견을 듣도록 하겠습니다."

말을 마친 최 전무가 각 사업부 별로 정리한 주요 이슈들을 미리 나눠 준 표에 모두 기록하도록 했다.

[연습 2-1] 논의해야 할 주요 이슈는 무엇인가?

사업을 성장시키기 위해 꼭 논의해야 할 주요 이슈 5~10가지를 아래 표제적은 다음, 중요도에 따라 순위를 매긴다.

순 위	주요 이슈
1	
2	
3	
4	
5	
6	
7	
8	
9	
10	

최 전무가 각 사업부 별로 작성한 주요 이슈를 취합하여 검토한 후 참가자들을 향해 말했다.

"각 사업부 별로 정리한 주요 이슈들을 모아 보니 30여 가지가 되는데, 해결해야 할 주요 이슈들이 굉장히 많네요. 이 가운데 우리 회사에서 가장 시급하게 개선되거나 해결해야 할 주요 이슈를 10가지 이내로 추려보겠습니다."

참가자들은 자신이 속한 사업부의 주요 이슈와 다른 사업부의 주요 이슈들을 서로 비교하며 어떤 문제를 더 시급하게 해결해야 할지 의견을 내놓았다. 그리고 회사 차원에서 가장 중요한 이슈들을 추려냈다.

6. 전략 만들기
: 해결해야 할 업무의 주요 분야는 무엇인가? _ 15분

"앞에서 선택된 주요 이슈를 제기한 사업부에서 이를 해결하기 위해 논의된 전략을 설명해 주시기 바랍니다. 설명을 들은 후에 참가자들의 의견을 종합하여 가장 좋은 전략 안을 찾도록 하겠습니다."

최 전무는 전략 수립에 대한 설명과 함께 스크린 자료를 보여주었다.

디자인팀을 대표해서 이 실장이 전략 안을 발표했다.

"저희 팀에서는 앞에서 결정된 주요 이슈 중 혁신 분야에 대

[연습 3-1] 전략 수립 연습

시간을 줄이려면 가장 중요한 전략 한 가지만 작성한다.

1. **전략에 이름을 붙여라** : 인적 자원, 물적 자원, 재정 자원, 혁신, 마케팅 및 판매, 생산성 및 배송 품질, 수익 조건 혹은 사회적 책임 등 각 전략 분야에 이름을 붙이면 커뮤니케이션이 훨씬 더 용이하다.
2. **예상 결과를 명시하라** : 각 전략 분야에서 무엇을 완수하려는 것인지를 분명히 한다. 이 과정은 일종의 미니 비전Mini-vision과 같다. 아래에 예시한 전략 분야에 따른 예시를 참고하라.
3. **'～함으로써', '～을 통한'으로 표현하라** : 전략적 선택을 '함으로써' 혹은 전략적 선택 '을 통해' 예상 결과를 달성하는 것이다.
4. **전략적 선택을 결정하라** : 전략적 선택은 이슈를 다루며, 어떤 일을 할 것인지에 대한 '큰 그림'을 보여준다.

전략 분야	주요 이슈	전략	우선 과제
인적 자원	• 직원 교육 부재 • 책임감 결여 • 낮은 직원 참여도	지속적인 교육, 성과 관리, 직원 참여도 개선을 통해 고성과 팀을 구축한다.	– 직원 채용 – 직무에 적합한 직원을 배치함
물적 자원	• 뒤떨어진 기술력 • 사무기기 부족 • 비효율적 공간 배치	기술 지원, 사무기기 구입, 공간 재배치를 통해 효율적인 업무 환경을 조성한다.	
재정 자원			
혁신			
마케팅/영업			
생산성/배송			
수익 조건			
사회 참여			

한 전략으로 '아티스트 인력풀을 구축하여 경쟁사와 차별화 된 디자인을 개발하는 것'으로 정했습니다."

"아주 적합한 전략이라고 생각됩니다. 혹시 다른 전략 아이디어를 주실 분은 없나요?"

최 전무가 참가자들을 향해 묻자 마케팅팀 임 부장이 의견을 냈다.

"아이디어 공모전을 실행하면 어떨까요? 소비자들의 참여를 늘리고, 참신한 제품 아이디어도 얻고, 더불어 홍보 효과도 있을 것 같습니다."

이때 관리부 장 대리가 임 부장의 의견에 더해 자신의 의견을 밝혔다.

"찬성합니다. 내부 인원을 확충하는 데는 한계가 있기 때문에, 정기적으로 아이디어 공모전을 여는 게 좋을 것 같습니다."

최 전무의 진행에 따라 참가자들은 주요 이슈를 해결하기 위한 전략을 해당 사업부가 먼저 제안하고, 다른 참가자들이 전략 아이디어를 보충하는 식으로 기획 회의는 순조롭게 진행되었다.

7. 우선 과제 만들기
: 누가 무엇을 언제까지 할 것인가? _ 10분

"이제 사업 성장을 위한 장기 기획과 중기 기획을 모두 마쳤습니다. 워크숍에서 다룰 내용은 여기까지입니다. 이제 각 부서별로 결정된 전략을 달성하기 위해 누가 무엇을 언제까지 실행할 것인가에 대해 우선 과제를 논의하시기 바랍니다. 그에 대한 액션 플랜은 각 담당자가 정하면 됩니다."

최 전무가 우선 과제 선정에 필요한 설명을 마친 후 관련 자료를 스크린으로 보여주었다.

[표 9-1] 우선 과제 정하기(예시)

담당자 선정	기한 지정	평가 및 관찰	명확한 동사
김○○	5월 24일까지	신임 영업사원	채용하다
이○○	6월 12일까지	웹사이트	업그레이드하다
박○○	11월 26일까지	직원 봉사의 날	스케줄을 확정하다

"그리고 각자가 정한 액션 플랜을 업무 수첩과 책상에 메모하여 항상 옆에 두고 실천해야 합니다. 물론 저도 그렇게 할 것입니다. 액션 플랜은 각자 자리로 돌아가서 작성하여 상사에게 제출해 주시고, 그것을 전체적으로 취합하여 모든 직원과 공유하도록 조치하겠습니다."

최 전무는 다음의 표를 보여주며 액션 플랜을 실행하는 데 참고하도록 지시했다.

[연습 3-2] 우선 과제 정하기

아래 예시한 표에 앞으로 30일 내에 완료해야 할 우선 과제 3~5개를 적은
후, 기획서에 옮겨 적는다.

1. 담당자 선정	2. 기한 지정	3. 평가 및 관찰	4. 명확한 동사

"아울러 오늘 논의한 내용을 '1시간 기획서'로 만들어 배부할
것입니다. 1시간 기획서를 적극 활용하여 회사와 개인의 업무
성과를 높이는 데 적극 활용해 주시기를 부탁드립니다."

[표 10-1] 단계별로 비전 달성하기

비전	미니애폴리스 최대의 사무기기 공급업체
전략	직무에 적합한 직원 배치, 직원의 능력 개발, 효율적 관리를 통해 실적을 개선한다.
우선 과제	2월 1일까지 새로운 영업 책임자를 임명한다.
액션 플랜	☐ 1월 3일까지 3개 매체에 구인 광고 집행 ☐ 1월 5일까지 10명의 동료에게 적임자 추천 부탁 ☐ 1월 10까지 인터뷰 후보자 결정 ☐ 1월 18일까지 인터뷰 완료 ☐ 1월 21일까지 고용 계약 제안하기 ☐ 2월 1일부터 신임 영업 책임자 출근

최 전무가 참가자들을 향해 인사말을 하는 것으로 오늘의 워크숍을 마무리했다.

워크숍을 시작할 때는 참가자들이 두려움을 가지고 난감해했지만, 사전에 관련된 책을 미리 읽고 방법론을 숙지했기 때문에 워크숍을 순조롭게 진행할 수 있었다. 또한 최 전무의 원활한 진행과 관련 자료를 이용한 부연 설명으로 목표로 했던 결과물을 만드는 데 성공했다.

최 전무가 워크숍을 마무리하자 참가자들은 짧은 시간 내에 적극적인 참여와 몰입으로 사업 성장 기획을 완성한 것에 대해

서로 격려하는 의미의 박수와 환호가 터져 나왔다. 그 순간 긴장했던 참가자들의 얼굴이 환한 미소로 바뀌었고, 무엇보다 회사의 비전, 미션, 가치, 목표, 전략, 우선 과제를 자신들의 힘으로 구체화하고 공유했다는 점에 높은 만족감을 보였다.

붉게 물든 노을이 회의실 안을 정열적으로 비추었고, 회의실을 나서는 참가자들의 얼굴에는 자신감에 찬 밝은 미소가 넘쳐 흘렀다.

그로부터 며칠 후 모든 직원들에게 '사업 성장을 위한 1시간 기획서'가 배부되었다. (256페이지 기획서를 참조)

모두가 참여하는 전략 기획 실행의 3단계

워크숍을 마친 이후 코코로 완구 주식회사는 직원들이 회사의 정책과 기획을 공유함으로써 보다 높은 실적을 달성하기 위해 매년 사업 성장 기획 회의를 개최하고 있다. 또한 기획 회의를 활성화하기 위한 방안으로 다음과 같은 3단계 과정을 실천하고 있다.

1단계 : 최적의 팀 구성 _ 적절한 사람을, 그리고 적절한 시기에 기획 과정에 참여시킨다. 먼저 경영자, 임원진, 중간 관리자, 그리고 가능하다면 담당 직원까지 합류시킨다.

[코코로 완구 주식회사의 사업 성장 기획서]

우선 과제 :

1. 김은정 과장 : 3월 30일까지 새로운 아티스트를 2명 영입한다.
2. 김명수 대리 : 1월 30일까지 아이디어 공모전에 관한 기획안을 제출한다.
3. 황명수 과장 : 1월 30일까지 영문 홈페이지 구축에 관한 기획안을 제출한다.
4. 박기영 과장 : 3월 30일까지 영어 회화가 가능한 마케터를 영입한다.
5. 김희연 대리 : 1월 15일까지 해외 박람회 참여 일정을 정리하여 제출한다.
6. 김기영 부장 : 1월 30일까지 새로운 원자재 개발을 위한 기획안을 제출한다.
7. 오지석 차장 : 1월 30일까지 제품 하자율을 낮추기 위한 기획안을 제출한다.
9. 구본석 대리 : 2월 10일까지 AS 강화 방안에 대한 기획안을 제출한다.

비전 :
전 세계의 영 · 유아들에게 혁신적인 고품질의 완구 제품을 제공하여 가장 신뢰받는 회사가 된다.

미션 :
어린이들이 상상력을 키우고, 소중한 추억을 만들도록 돕는다.

가치 :
창조, 헌신, 도전

목표 :
• 고객 만족도
• 직원 만족도
• 재정 평가

전략 :

– 제품 혁신 : 아티스트 인력풀 구축 및 정기적인 아이디어 공모전 개최를 통해 차별화 되고 혁신적인 제품 디자인을 개발한다.

– 마케팅 및 영업 : 세련되고 감각적인 영문 홈페이지를 구축하고, 영어가 능숙한 마케터를 영입하고, 해외 장난감 박람회에 참여함으로써 해외 시장을 개척한다.

– 고객 서비스 : 제품 하자율을 낮추고, AS 부서를 강화함으로써 고객 신뢰도를 높인다.

– 생산성 향상 : 다양한 원자재 개발을 통해 생산 원가를 낮추면서 제품의 품질을 향상시킨다.

2단계 : 매년 비즈니스 성장 전략 기획하기 _ 기획 과정에서 너무 많은 시간과 에너지를 소모해서는 안 된다. 기획 책임자가 기획 초안을 1시간 이내에 작성한 후 회사 규모에 따라 경영진, 임원진, 관리자, 실무진 가운데 어느 직급까지 회의에 참석시킬지를 결정한 후, 이들과 함께 공동의 비전, 미션, 가치, 목표, 전략, 우선 과제를 정한다. 기획 회의가 효율적으로 진행되면 1시간 이내에 참가자들 모두가 같은 생각을 공유할 수 있다.

3단계 : 진행 사항을 점검하여 우선 과제 정하기 _ 매달 설정한 목표를 달성한 부분은 축하해 주고, 기획 전반을 재점검하여 새로운 우선 과제를 정해서 실행하면 지속적으로 성과를 얻을 수 있다.